渡部昇一

歴史通は人間通

JN152172

扶桑社文庫
0840

本書は2013年7月に弊社で発行した書籍を文庫化したものです。

まえがき

今から五十七年前の昭和三十一年（一九五六）、当時二十六歳の私は西ドイツのミュンスター大学に留学中であった。そこに郷里から『文藝春秋』の三月号が送られてきた。そこに亀井勝一郎《かついちろう》の『昭和史』（岩波新書・昭和三十年）の書評が掲載されていた。この本の著者は遠山茂樹・今井清一・藤原彰の三氏である。当時の岩波新書の権威はすこぶる高かった。何しろ「岩波新書」は戦前の赤色版以来の輝かしい伝統を持っており、まだ他社からの新書もあまりない時代だったのである。これに対する亀井の批判が手厳しかった。当時、岩波新書にそんな酷評《こくひょう》を書く人はいなかったと思う。たとえば、

「……『昭和史』を読んで、その悪文に閉口した……漢字のものすごい量といふ点から云へば、或る種の裁判記録に似てゐる。つまり典型的な官僚文章である……」

これは表現力の問題だが、更に本質的な批判が続く。

「読み終つてまづふしぎに思つたことは、この歴史には人間がゐないといふことである…」

更に、

「要するに歴史家としての能力が、ほゞ完全と云つてい丶ほど無い人々によつて、歴史がどの程度に死ぬか、無味乾燥なものになるか、一つの見本として『昭和史』を考へてよい。」（講談社『亀井勝一郎全集』第十六巻一九〇〜一九五ページ）

これを読んだのが異郷にいた時であり、青年の時だったので深い印象を受け、同感し、快哉《かいさい》をひとりで叫《さけ》んだ記憶がある。

そもそも子供の時の読書体験が、講談社の「少年講談」のシリーズに始まり、吉川英治の『太閤記』や『三国志』や鶴見祐輔の伝記物に熱中したのがそのまま続いていたので、私にとって歴史とは人間が踊り、そこに事件が展開してゆくものであった。それが戦後の歴史書では社会や経済条件のみ重んじられて、亀井が言うように「人間不在」になっていることに不満であったので、亀井の文章に心から同感したのである。

その後、私はいつの間にか歴史を書くようになった。その時、いつも頭の底には、若いころドイツで読んだ亀井の言葉があったと思う。それで私は、歴史や人物を書く時は、軍談師か講談師のようであろうと心掛けてきた。今日では基礎的な資料が整えられているのが一般であるから、基礎的事実には嘘がないように心掛けるが、登場する人物に興味を向けるのが中心になった。歴史と人物論が一緒になったものを語りたかったのである。語り方としては私の愛読書中の愛読書であるチェスタトンにあやかりたいとは思っているが、彼のようにすばらしい逆説に至らないことは残念ではあるが、才能の差は仕方ない。

こんな気持ちで、いろいろ書いたものの中から、大越昌宏氏が拾い出して編集して下さったのが本書である。読者として、またすぐれた編集者としての大越さんの目にとまった章節ばかりであるので、これを読まれる方にも何程かの愉悦と人生のヒントを与えてくれるのではないかと期待している次第である。

平成二十五年六月

渡部昇一

歴史通は人間通◉目次

まえがき　3

第一部　歴史の醍醐味

1　歴史の見方

美しい歴史の虹を見よう　16
この国の物語をどう語るか　18
歴史を語る二つの態度　19
戦争の勝敗を決する「わずかな差」　21
「正義」という錦の御旗　23

2　リーダーの条件

組織は司令官次第　24
リーダーの不動心　25
鷲の羽と駝鳥の足　27
日本の生き残りのための大リストラ　28

乃木将軍に見るリーダーの条件　30
名参謀に共通するもの　31
同じ間違い　34
国の重大事　36

3　歴史人物に学ぶ生き方

伝記を読もう　37
神武天皇の八紘一宇の精神　39
達人は身分にこだわらない　42
田沼時代はいい時代　44
逆境に学んだ西郷隆盛　46
人を見定める度量と見識　50
東郷平八郎の度胸　53
渋沢栄一の「論語と算盤」　57
リーダーと参謀　31
山本五十六の欠陥　32
優れたリーダーは大局を見る　35
子供には偉人伝を読ませよう　38
豊臣秀吉の〝くれっぷり〟　40
後世に名を残す人　42
情報力とは想像力　45
福沢諭吉の偉いところ　48
大久保利通という人物　52
小粒になった日本人　55
フィロソファー松下幸之助　58

4 日本人とは何か
日本の神様 60
日本の国柄 61
正義より「和」の日本人 62
「和」の重視とその問題点 63
〝和の時代〟と〝実力の時代〟 65
「根回し」はなぜ必要か 66
5 女性が活躍する国
日本を貫く平等原理 68
和歌が日本文化を守った 70
なでしこ日本 71
6 日本人と土地
日本の体質 74
土地への執着 74
日本の土は先祖そのもの 77
農耕的社会でのリーダーシップ 78
7 日本人のこころ
祖先とつながる日本人の「心」 80
日本人の「こころ」の柔軟性 82

日本人の「こころ磨き」 84
建前と本音の使い分け 85

8 日本の神話と建国

神話と歴史がつながっている日本 88
日本は世界最古・最長の王朝 91
日本神話と海の関係 92
皇神の厳しき国・言霊の幸はふ国 93
言霊を駆使した神武天皇 96
日本神話と日本の歴史 98
「言挙げせぬ国」の伝統 101

9 明治維新から敗戦まで

明治維新のエネルギー 103
世界史における明治維新の意義 104
『日本外史』の歴史の見方 105
教育勅語とは 106
日露戦争の勝因と意義 107
目と耳 108
〝和〟の精神の弊害 111

10 東京裁判史観の克服

敗戦利得者 114
東京裁判史観 115
「東條＝マッカーサー史観」へ 118
なぜ慰霊の場が靖国神社なのか 119

11 世界の中の道義国家・日本

二十世紀を二十一世紀に橋渡しした国 121
日本人の血族意識 122
ご先祖様は見ている 123
勇者たち 124
「道」を求める日本人 128
日本人のもの作り 128
見直したい修身の教え 129
歴史の中で磨かれた道徳観 130
子供たちを家庭に持つ喜びを 132

12 進取の気性と独創力

新しいものを恐れない体質 134
日本人の創造性 135
日本人の好奇心 137
日本文化のタテ糸とヨコ糸 138

第二部　人生の妙味

13 どう生きるか

志を立てる　142
自分のなりたい姿　143
内なる声と志　144
最初は不器用でちょうどいい　145
悩みは大事　146
強い生き方　147
自分の本当にやりたいことは何か　148
男気　150
噂話　151
マスコミ報道　151
墓参り　152
良きものとしての個人の富と自由　153
お金はいい召し使い　154
自己実現には苦痛がともなう　155
発想の豊かさをもたらすもの　155
記憶こそ人生　156
気概　157

14 運命の女神が微笑む生き方

成功者の要素 159
心の中の達成像 160
成功のイメージの描き方 160
真に富める人 161
人生でいちばん大事なこと 162
品格のある人の特長 163
人生の醍醐味 164
プライド 165
運命の〝女神〟 165
強きものを運命の女神は助ける 166
目標を実現できる人、できない人 167
思いがけない幸運を招くもの 168
三福のすすめ 169
幸運を招く紐 171

15 知的生活のすすめ

朽ちないもの 172
知的正直 172
いつわらない 173
漢文は成熟した大人をつくる 174
古典に学ぶこと 176
記憶は多いほうがいい 177
生活のクオリティを高める一時間 177
「壮」の時の学びが大事 178
ヒントを先人に学ぶ 180
智謀湧くがごとし 181

人間のアイデアはどこから来るか　183

16　人生を充実させるための仕事術

仕事と趣味の違い　184
汗を流すことで生まれる心の余裕　185
仕事の上手な仕方　186
一つの仕事をやり続ける　187
観察眼を磨く　188
溶鉱炉のごとく　189
孤独の時間　190
楽しむ境地　191

17　読書で耕す人生

読書の醍醐味　192
内なる心の扉を開く読書　193
私の本の読み方　193
読書家になるには　194
タイム・リミットの知恵　195
自分の古典　197
グルメな読書　198
名作を若い時に読む危険　199
「積ん読」は必要悪　200
本の情報収集　202
読書のカンを養う方法　202
読書の知識とインターネットの情報　203
自分の文庫　205
蔵書の力　206

トルストイと蔵書 207
古典として残る本 207
夏目漱石の創作の二つの泉 208
松本清張の魅力 210

18 充実した老後を生きるための知恵と工夫

老後のイメージ・トレーニング 212
平生の心がけ 212
内なる声に耳を傾ける 213
第二の人生をいきいきと 215
老後を充実させるもの 216
定年後の時間活用法 217
「職務」 218
読書は脳と精神を鍛える 219
歳を重ねてこそ 220
「湯治友だち」 221
人生の実り多き「成熟」の秋 222
学問の秋 224
夫婦の記憶に残ることを 225
人生の後半で大切なもの 226
何かを求めて生きる 226
余生で見る夢 227
理想の晩年 228
「家庭の言語教育」あとがきにかえて　早藤眞子 231

◉写真——難波雄史

第一部

歴史の醍醐味

1 歴史の見方

美しい歴史の虹を見よう

歴史とは虹のごときものである——このことを私に悟らせてくれたのは、ある言語学者のエッセイであった。

だいぶ昔のことになるが、ロンドンの大英博物館の近くにある小さな古書店で、オーウェン・バーフィールドという言語学者の書いた一冊のペーパーバックを私は偶然に見つけた。

その最初のほうに、こういう趣旨のことが書いてあった。

「歴史というものは虹のようなものである。それは近くに寄って、くわしく見れば見えるというものではない。近くに寄れば、その正体は水玉にすぎない」

この文章にぶつかったとき、私はそれまで歴史というものに関して何となくモヤモヤしていたものが、一挙に整理され分かったような気がした。

たしかに、虹というものは普通の存在とは違う、別種のものである。

誰もが虹を見たことがあり、それが存在するという事実を知らない人はいないであろう。しかし、その正体を調べようとすれば、分からなくなってしまうのが虹なのである。それは遠くから見えてはいても、近づいて検証しようとすれば、そこには単なる水玉しか存在しないのである。これはいったい、どういうことであろうか。

バーフィールドは、ゲーテの『色彩論』のほうが、ニュートンの『光学』よりも虹の現象をよく説明するとしている。

ニュートンが光を客観的物理現象としてのみ分析したのに対して、文学者でもあるゲーテは、「色彩は、その色を見る人間があって、はじめて成立する」という視点を導入し、天然色を扱う現代の光学の基礎を作った。

これを歴史に例えてみると、なるほどと思い当たることが多い。

虹は、見る人から一定の距離と角度を置いたとき、はじめて、明瞭に見える。逆に言えば、その距離と角度が適当でなければ虹は見えない、ということなのである。

同じ時間に空を見ていながら、虹を見なかったという人は、いた場所が悪かったか、あるいは虹に近すぎたからにほかならない。

そして歴史における水玉というのは、個々の歴史資料や個々の歴史的事実といったものであろう。だが、こういった歴史的事実を集めてみても、その観察者の立っている場所が悪ければ、歴史の実像は、いっこうに見えてはこないのである。

見る側の人間がいなければ、虹と同様で「歴史」は存在しない。いわゆる客観的なものは個々の「史実」だけであり、それはあくまでも虹における水滴のごときものなのである。

『日本、そして日本人の「夢」と矜持』

この国の物語をどう語るか

歴史は、まずもってその国の物語である。どの国にもそれぞれの物語があるが、比較的おもしろい物語になる国と、あんまりおもしろい物語にならない国がある。物語の筋が支離滅裂だったり、途中で切れたり、物語としてまとまらないような国もある。

日本は、と言えば、ずば抜けておもしろい物語になる国であるように思われた。第一、有史以前から、つまり神代から現代まで、筋が一本ピンと通った国、つまり王朝が一つという国はほかにないではないか。これは物語るに値《あたい》するのではないか。物語の資料いじりや暗黒面ばかりあばくのを学問と思うのが、戦後の日本史学の主流のようだったが、まず、この国の物語を、愛情こめて、おもしろく物語ってみたらどうだろうか。

『歴史の読み方』

歴史を語る二つの態度

私は、自分の国の歴史を語ることは、結局、自分の先祖を語ることだと考えている。要するに、自分の親や祖父について語るようなものだと思う。また、その際、どうしても語る時点の自分の感情がからまってくる。そしてその場合、二つの態度があると思う。

一つは、親を憎み、それを告発するような態度をとることである。日本史の暗黒面をあばきだし、きびしい批判をあびせ、しかも、それが激しければ激しいほど真実に近く、正義であるとする立場である。

もう一つは、まず親に対する愛情から出発する態度である。親の弱点や短所を承知しながらも、それを許容し、むしろ親の長所やユニークな点に重点を置いて語る立場である。

これについて、私がよく例に引くものに、『論語』にでてくる次の話がある。

「楚《そ》の葉公《ようこう》が自慢顔をして孔子《こうし》に言った。『私の村に正直者の躬《きゅう》という正義漢がおります。その男の父親が羊を盗んだとき、息子である躬は、その証人となって父を告発したほどであります』と。これに対して、孔子はこう答えました。『私の村の正直者はそれと違っています。父親は子どもをかばって隠してやるし、子どもは父親をかばって隠してやります。これは不正直のようにも見えますが、じつは、こういう行為の中にこそ、本当の正直さがあると思います』と」（「子路第十三」）

戦後の日本史は、葉公の村の正直者の躬《きゅう》さんのような態度で書かれたもの、すなわち、日本の歴史を暗黒面一色で塗りつぶしたようなものが圧倒的に多かったように思う。しかし、私は孔子の村の人間のようにありたいと思っている。

私は、まず自分の先祖を愛する立場、先祖に誇りを持つ立場から日本史を見てみたい。

愛と誇りのないところに、どうして自分の主体性を洞察できるだろうか。非行少年の多くは、自分の親に対する愛と誇りを失うことによって、基本的な主体性を失い、非行グループという偽《にせ》の主体性を得た若者たちであるといわれている。それと同じように、国民が自分の国の歴史に対する愛と誇りを失えば、日本人としての主体性（アイデンティティ）を失い、日本よりさらに野蛮な国に、自分の主体性を委《ゆだ》ねたりすることになるのではないだろうか。

『歴史の読み方』

戦争の勝敗を決する「わずかな差」

六十余年、日本の敗因を考え続けてきたが、最近、「戦争の勝ち負けはわずかなことで決まることが多い」と思うようになった。

一つの例として、豊臣秀吉の朝鮮出兵を挙げよう。文禄の役では、東側を加藤清正、西側を小西行長が担当し、どちらもほとんど無傷で進んだ。これは対米戦争において、最初はあまりにも見事に勝ったことと似ている。

だが、もし文禄の役で、東側の加藤清正、西側の小西行長を逆に配置していたら、漢城から平壌へと逃亡していた朝鮮王は簡単に捕虜になり、最初の年で戦争が終わっていた可能性は百パーセントぐらいある。当時の朝鮮民衆は李朝に反対で、最初は日本に協力的だったからである。東側を進んだ加藤清正が捕虜にした二人の王子も、朝鮮の人々が捕まえて差し出したようなものだ。だから小西行長が東側を進んでも、二人の王子は捕まったはずである。一方、加藤清正が西海岸を進めば、平壌までいかずとも、開城あたりで朝鮮王を捕まえただろう。そこで戦争は終わりである。当時はまだ李舜臣も出ていないし、ゲリラも出ていない。

太平洋の戦いでも、戦争の分水嶺となったミッドウェー海戦で、山口多聞に機動部隊を任せていれば、負けなかったのは確かだといわれる。しからずんば、山本五十六の陣頭指揮でもよかった。ミッドウェーの失敗は人事の失敗といってもいい。これは戦略の失敗とか作戦計画そのものの失敗という類《たぐい》の問題ではない。どちらかというと、当事者にとっては「判断のわずかな差」に見えるだろう。しかし、そういう「わずかな差」が戦争全体の帰趨《きすう》を決めるということがあるのではないか。

『アメリカが畏怖した日本』

「正義」という錦の御旗

「正義」という錦《にしき》の御旗《みはた》のもとに、どれだけ多くの人が殺され、どれだけ多くのすばらしい文化が破壊されてきたか。一方、「腐敗」とののしられた世にあっては、どれだけ多くの人が平和で愉快な人生を送ったことか。「正義」こそ破壊的暴力思想であり、「腐敗」こそ民主政治が行なわれている証《あかし》であるという歴史のパラドックスを、今こそ深く噛みしめたいものである。

『歴史の読み方』

2 リーダーの条件

組織は司令官次第

戦場というところは、他のどんな場所よりも結果がはっきり出る。そして指揮官の善し悪しは、部下全員の命にかかわることなのだ。無能で戦闘能力のない、ただデスクワークができるだけというような指揮官の下では、部下たちは戦いはしない。下手に命令を聞いて突撃しようものなら、全滅する恐れがあるからだ。生き残り勝ち残っていくのは、有能で戦闘能力に長けた指揮官が率いる組織だけなのである。

戦場においても、企業においてもそれは変わらない。組織は司令官次第なのだ。各部署の司令官が優秀であれば、組織は確実に強くなる。だから、信賞必罰を徹底させて、飛び級でも何でもさせて、とにかく有能な司令官をどんどん抜擢することが、すでにでき上がっている組織を強くし、強いままに維持する、ほとんど唯一の方法なのである。

どんなに組織が大きくても、司令官が無能だと組織は組織として機能しない。臆病な司令官のいる組織など、どんなに人数が多くても、戦う集団とはならずに負けてしまうのだ。『プルターク英雄伝』はそのことを、次のような格言で語っている。「ライオンに率いられる鹿の群のほうが、鹿に率いられるライオンの群よりも恐ろしい」と。まさに言い得て妙である。

『自分の品格』

リーダーの不動心

普仏戦争などで参謀総長を務めたプロイセン（ドイツ）の軍の参謀総長だったモルトケは、平時はとても穏やかな人だったらしい。その物腰、態度はまるで女性のごとくに優雅で、文学を好み、モーツァルトを愛した。実戦の経験などトルコにいた時以外一度もない。にもかかわらず、いったん戦場へ出るや、不動の態度で戦況に立ち向かった。どんなに不利な状況でも、瞬時に的確な作戦を実行することができた。それがプロイセンを勝利に導き、あっという間にドイツ帝国を築き上げていった理由の一つだと言われている。

どうしてモルトケにはこのようなことが可能だったのか。彼は、平時、穏やかな生活を送りながらも、休むまもなくあらゆる戦局を考えていた。こういう場合にはこういう作戦を打ち、こういう状況にはこういう戦術を使う、という具合に、緻密なまでの分析を行っていた。

だから、たとえ苦境に陥っても、ああしようか、こうしようかといった迷いがない。切羽《せっぱ》つまると、人は行き当たりばったりの、思いつきだけの闇雲な手を打つものだが、モルトケにはそれがない。一貫した不動心に裏付けられた作戦がとられてくるから、相手はその迫力に圧倒されてしまう。不気味な余裕をさえ感じてしまうのかもしれない。リーダーに余裕があれば、下の者は戦いやすいのだ。

『悩む人ほど、大きく伸びる』

鷲の羽と駝鳥の足

ドイツ最後の参謀総長にゼークトという人がいるが、参謀と司令官についての論文の中で、「参謀や将校の作り方においてはわれわれは成功したが、司令官を作ることができなかった」と言っている。

そして、指揮官の資質としてゼークトが言っているのは、「いつも晴れやかな気持ちでいて、心にひっかかるものがない心境を保てること」といった程度のことなのである。

参謀になる資質と司令官になる資質は明らかに違うわけである。

だから、明らかに知能には二種類ある。これは、「鷲《わし》の羽」と「駝鳥《だちょう》の足」と言ってよいであろう。鷲は一挙にサッと飛ぶが、駝鳥は地に足をつけてトコトコ走る。だから、駝鳥は地に足がついている強みがあるが鷲が一挙に飛ぶ時のような感じの洞察はできないかもしれない。

ビスマルクのような偉大なリーダーは、物事を鷲の目で見ている。スタッフは駝鳥である。有能だけれども、地に足がついているから駝鳥の走り方しかできない。しかし、駝鳥的に地に足がつかないと実務は動かないから、これはこれで貴重であり重要なのである。大切なことはリーダーとスタッフの両者が揃ってバランスがとれていることである。

『指導力の差』

日本の生き残りのための大リストラ

生き生きとした組織とは、いつつぶれるかわからないという危機感のある組織なのである。

つぶれる恐れのある組織は、無能な人間をいつまでもかかえている余裕などない。ミスを犯し、失敗した人間は容赦なく切り捨て、そのかわりに有能で、できる人間を配する。成果を残し、成績をあげた者は必ず出世させて、才能ある人間をけっして眠らせておかない。そういう組織にしなければ、すぐさま破産してしまうかもしれないからだ。そしてこれこそが生き残っていく組織である。

日本も、日清・日露戦争の頃までは国全体としても能力に割と敏感だったと思う。なぜなら当時は、日本国自体がなくなってしまうかもしれないという危機感が、国全体に充満していたからだ。

山本権兵衛が海軍省を握ったときに遠慮会釈なく人事を断行したのも、そのような危機感を感じていたからだ。自分より地位が上だろうが下だろうが、とにかく能力のない者の首を切って辞めさせた。当時海軍にはまだ、幕末の頃にちょっと軍艦のことを勉強したとか、あるいは軍艦に乗り込んだことがあるというだけで、それ相応の地位を得ている人が大勢いた。しかし、こういう旧式の知識や技術だけでは近代的な海戦を戦うことはもはやできなくなっていた。外国と戦える海軍をつくるためには、どうしても大リストラが必要だと山本権兵衛は考えたのだ。

そしてここが山本権兵衛の偉いところだと思うのだが、彼は恨まれようがどう思われようが、とにかくリストラを断行した。といっても当時、山本にも国全体にも、もはや清国やロシアといった世界の大国と一戦を交えなければ、日本の生きていく道はないということがわかっていた。だから山本の能力重視のリストラをもある程度は納得したのだろうし、馘首《かくしゅ》された者たちも、致し方なしと諦めたのである。

とにかく、山本が大リストラを断行して近代的な海軍を組織したおかげで、日露戦争にも勝利することができたのである。

『自分の品格』

乃木将軍に見るリーダーの条件

私は、すぐれたリーダーの条件は、「腹を括《くく》れるか否か」というところにあるのではないかと考えている。学校の成績がどれだけよくても、腹を括れないようなリーダーの下では、誰も身を粉にして働こうとは思わない。その点、旅順の要塞を見て、まず腹を括った乃木将軍は、やはり優れた司令官であった。だからこそ第三軍の兵士たちは、最後まで闘志を失うことなく、戦いつづけたのである。

『世界史に躍り出た日本（渡部昇一「日本の歴史」⑤明治篇）』

リーダーと参謀

知識や数字を使うのは、参謀の役目である。リーダーは、決断さえできればいい。トップに立つには学歴は不要で、学歴が必要なのは人に使われる人である。その意味では大学教育は、参謀をつくる場と言える。だからどんなに優秀な官僚も、本質は参謀である。

『人を動かす力』

名参謀に共通するもの

名参謀、名司令官と言われる人たちの性格なり生活ぶりには共通項がある。みな内省的で、若い頃は文学青年だった。つまり想像力が非常に豊かで、自分の現在の生活から、時間的・空間的隔たりを超えて自由に飛び出せる人であった。

たとえばナポレオンは、まだ貧乏士官にすぎない時代から、自分がヨーロッパを支配した状況が頭に描ける人間だったし、あるいはプロイセン王国の陸軍参謀総長を務めたモルトケにしても、頭の中の地図にドイツの鉄道網を描けるほど想像力は豊かだった。

ことにモルトケの場合は、いささか度を超した文学青年で、ギボンの『ローマ帝国衰亡史』を翻訳したり、小説も二つほど書いている。また、内省的性格で、齢とってからも好きなモーツァルトの音楽を聞きながら黙々として独りで煙草を吸い、庭の木の成長を眺めていたそうである。

彼らは、内省的な性格だったから自分の頭の中が見え、明確な像を描くことができた。そして像ができれば必要な情報は自然にひっかかってくる。「情報力」とは、そうしたものではあるまいか。


『人を動かす力』

山本五十六の欠陥

山本五十六が偉かったか、偉くなかったかという点で、意見は二分されるが、山本には尊敬すべき点が多々ある。ロンドン条約では、日本の艦船数を抑える条約派だった。この点ではよっぽどわかった人だと思う。建艦競争をやれば、国力で上まわるアメリカやイギリスに日本が追いつけるわけがない。この当たり前のことを主張できたことは素晴らしい。それから、飛行機の将来を見て取り、日本の海軍航空隊を育てたのは先見の明があったと誉められていい。

しかし、残念なところがある。それは自分が戦場に出なかったことだ。

日清戦争で連合艦隊司令長官を務めた伊東祐亨《ゆうこう》も、日露戦争で連合艦隊司令長官を務めた東郷平八郎も、前線に出て戦った。不思議なことに、連合艦隊司令長官の山本は一度も戦場に出ていない。

戦場に出ない連合艦隊司令長官というのは何なのか。ここに山本の致命的な欠陥があった。

『アメリカが畏怖した日本』

同じ間違い

いつも同じ絃で弾《ひ》き間違える琴《こと》弾きは嘲笑《ちょうしょう》される。

（ホラティウス『詩の技術について』三五五〜三五六）


人間はよく間違う。また間違いを怖れてはならない。しかし同じ間違いを繰り返すのは馬鹿であり、嘲笑されても仕方がない。

この前の戦争で日本軍がイギリスやアメリカに嘲笑された点は、同じやり方を馬鹿のように繰り返したことであった。敵は対抗策をちゃんと立てているのに、同じ戦いの仕方をするから日本兵は進んでワナにかかる鳥か獣《けもの》のようにやられた。指揮官は学校秀才で、士官学校や兵学校や、あるいは陸大や海大で習ったとおりにやろうとしたのであろう。

故山本七平《やまもとしちへい》氏は「自分の部隊の隊長は士官学校出でなく、兵隊からの叩《たた》き上げの将校だったので、自分は生きて帰ることができた」と語ってくれたことがある。その隊長は眼前の状況からすぐ学ぶことを知り、同じ間違いを繰り返さなかったのである。

優れたリーダーは大局を見る

細かいことは、頭のいい人に任せる。それよりも、もっと大きなところに目を向けるのが優れたリーダーである。かつてレーガン大統領は自らを評して、次のように言った。

「大統領就任時のアメリカは、四つの問題を抱えていた。財政赤字、インフレ、不況、冷戦問題で、このうち財政赤字を除き、すべて解決した。四つのうち三つを解決したのだから、達成率は七五％である。野球の大打者でも七五％の打率は無理で、それを自分は実現した」。

『ローマ人の知恵』

こう言われれば聞くほうも納得せざるを得ない。つまりリーダーは、「あの人にはかなわない」と思わせることが大事なのだ。それを何度もできるリーダーは、周囲から神の如く扱われる。

『人を動かす力』

国の重大事

おずおずとお願いする者は、（相手に）拒絶することを教えていることだ。

（セネカ『ヒポリトゥス』五九三～五九四）

おずおずとお願いすると断られることが多い、ということは誰でも経験したことがあると思う。個人の体験ならそれであきらめる人がいてもよいのだが、国の問題となると事は重大である。

『ローマ人の知恵』

3　歴史人物に学ぶ生き方

伝記を読もう

伝記を読んで感奮すると、その偉人に一歩近づくことになる。さまざまな伝記を読んでいると、その中に必ず自分に合っていると思うものが出てくる。同じ感動の仕方でも、これは他のものとちょっと違うという伝記が現われるのだ。そしてこれが、だんだん自分の人生の理想、生きる目標となっていくのである。

にもかかわらず、戦後の民主主義教育においては、伝記はあまり好ましくないものであるかのようになった。戦前のナショナリズムの時代には、お国のために戦ったり、国のために尽くした人の伝記が多くあったために、戦後の教育はある意味ではそれらを全部否定するところから始まったからだ。伝記も何もかも国策に利用されたから、油断がならないというわけだ。

こうして、日本人の子供たちは、生きていく目標、手本を失ってしまった。実は、今、日本がかかえている最大の問題点の一つなのである。

『自分の品格』

子供には偉人伝を読ませよう

子供はいい話、感激的な話が好きです。子供にいろんな話をすると、「その人いい人？悪い人？」とすぐに聞いてきます。子供は何が良いか、何が悪いかにとても敏感《びんかん》なのです。だからそのような時期に、「こういう事が、良いことなんだよ」と教えることが大事です。そのためには、優《すぐ》れた人の話を読ませる、これが一番です。

現在の道徳教育に当たる、戦前の「修身」という科目の教科書には、江戸時代の旗本で幕府の政治改革を行った新井白石《あらいはくせき》の勉強ぶりや、日本の陽明学《ようめいがく》の祖《そ》で、「近江聖人《おうみせいじん》」と尊敬《そんけい》された中江藤樹《とうじゅ》の親孝行の話が載っていました。そのような話を読めば、まったく同じにはできなくても、学問に対する向上心が呼び起こされたり、親孝行は美しいもので自分もそうすべきだ、というぐらいの気になるものです。

道徳、あるいは徳目の起源については諸説があるでしょうが、先人や他人の行為《こうい》を見て「美しい」と感じることができる時に、その行為につけた名前が徳目ではないでしょうか。「忠」とか「孝」とか「悌《てい》」とか「信」とか、徳目が名づけられる前には、その基《もと》となる何かしらの人を感心させた行為があったに違いありません。そのような、よい徳目が発揮《はっき》された話は、読んだり聞いたりした人を感激させ、共感させ、心のどこかにその影響《えいきょう》を残すのです。


『13歳からの道徳教科書』

神武天皇の八紘一宇の精神

歴史書を歴史として読むより、人物研究をすることによって歴史が分かることが多いのです。

たとえば日本史の場合、最初の天皇は神武天皇です。その人物の思想は、その後の歴史をつくっているということです。神武天皇が橿原宮《かしはらのみや》に即位されるとき、「八紘《あめのした》をおほひて宇《いえ》となさむ（八紘一宇《はっこういちう》）」と宣言されたわけです。それはどういう意味かと言うと、どんな民族でも平等で、世界を一つの家にするということです。神武天皇が即位した当時の日本には、各地に先住民がいたわけです。そういう先住民を征伐するということではなく、彼らに対して、それぞれ自分たちが崇《あが》める神様と共に、この国の統合に参加してくれればよいという宣言でもありました。だから、日本には八百万《やおよろず》の神という考えがあり、その伝統は今もしっかり生きています。だから、ジェノサイド（ある人種・民族を計画的に絶滅させようとすること）という考えはまったくありません。

『人間力を伸ばす珠玉の言葉』

豊臣秀吉の〝くれっぷり〟

秀吉の〝英雄的素質〟の一つの表われは、非常にくれっぷりのいいことだ。とくに、土地などをあまりチマチマとした計算をせずに、惜しまずパッとやる太っ腹なところがある。

秀吉が宴会の席上か何かで、「天下の大名で俺に対して二心を抱くものなどあろう筈がない。何故なら俺のようないい主人は、世の中に二人といる筈がないからだ」と言ったという話が伝わっているが、確かに秀吉の前にも後にもこれほどくれっぷりのいい天下人はいないようだ。

一度は秀吉と戦った島津や長宗我部も、秀吉のくれっぷりがあまりいいから、後ではみんな心服するようになった。小牧・長久手の戦い（一五八四）で悩まされた徳川家康（一五四二―一六一六）にも、本拠地の三河から引き離すという意図はあったにせよ、関八州をポンとくれてやるというのは、大変なことだ。

後の豊臣家という観点からすれば、関三州や関二州ぐらいにしておけばよかったというような見方もあるし、当時の家康はそれでも言うことを聞いたかもしれないが、秀吉はそんなケチな計算をしないから、天下は彼に急速になびいたのだ。

くれっぷりのよさが人を動かすのは、今も戦国時代の昔も変わらない。

『人を動かす力』

達人は身分にこだわらない

身分とか地位とかは人間の外側にある基準である。これにこだわるのは、まだ外側の物指しに引っぱられているしるしである。したがって、自己実現が進んだ人は他人をはかるときも、肩書きは二の次となるわけだ。水戸黄門の話が人気あるのもそのためであろう。あの身分のやかましい時代に、天下の副将軍ともあった人が、いくら隠居の身とはいいながら、百姓相手にお茶を飲んだりしていたという話である。達人は身分にそれほどこだわらない。

『「自分の世界」をしっかり持ちなさい!』

後世に名を残す人

ある状況になったときにボルテージを上げることのできる人、そういう人が後世に名を残すのである。

一番いい例は、忠臣蔵で有名な、あの大石良雄だろう。彼は、主人である浅野内匠頭《たくみのかみ》が切腹してしまわなければ、そしてそれによって赤穂藩がなくなってしまうという緊急事態が発生しなければ、それこそどこにでもいる家老で終わっていたはずだ。歴史に名前など残ることはなかった。ところが、非常事態が起こって、一挙に能力を発揮したがために、英雄にまでなってしまったのである。

多くの人は、平和でのんびりとした中で生活している。そういうときは、飛び抜けた才能を必要としないために、能力の差は目立ってこない。そのため自分と同じ程度の人間が集まって楽しくワイワイやっているだけだと勘違いしてしまう。大石にしてもそのままの平和な赤穂藩だったならば、何も目立たぬ好々爺《こうこうや》で終わったのだ。ところが実は彼は、一旦緩急あれば、一挙に才能を発揮する人物だった。状況を逃さずにとらえる直感力に優れた、行動の人だったのだ。

『自分の品格』

田沼時代はいい時代

歴史というのは、書く側の歴史だけを見てはだめなのだ。専門の歴史家は、いいかげんなことを書くわけにはいかないから、良質の資料を使わなければならない、と言う。それでは良質の資料とはどのようなものかというと、先ず考えられるのは政府の文書である。公文書などは良質の資料の一番のものであろう。すると江戸時代の良質の資料といえば、徳川幕府が編纂した資料である。しかしこれでは、徳川幕府が粛清した田沼のことをよく書くわけがない。こんなあたりまえのことに気がつくようになって、私が肝に銘じたことは、これから歴史の評価をするときは、何が起こって、どんなことがあったかについて具体的に考察し、世の中が安泰の時代はいい時代なのではなかろうか、と考えるのが一番正しいのではなかろうかと悟ったことである。そう思って見ると、田沼時代はいい時代であった。

『アングロサクソンと日本人』

情報力とは想像力

　クラウゼヴィッツ（一七八〇～一八三一）が有名な『戦争論』を書いた時、彼はよく自室に閉じこもり、毎日独り黙々と考え込んでいたという。そのため「あの男は一人で酒でも飲んでいるんじゃないか」という評判さえたったそうである。

　そして孤独の考察の中でできた『戦争論』は、従来のものとは完全に異なった戦争観であった。酒を飲みながら書いたかどうかはともかく、クラウゼヴィッツが世間の雑音を遮断しようとしたことは確かで、そうした生活を送ったからこそ、未来の戦争像が浮かんできたと考えられる。

　やはり、情報力を強化するには、時として情報を遮断するのが最も確実な方法という逆説的状況も生ずるのである。戦時中でも牢屋に入っていた囚人たちには、戦局の推移が、外の世界にいる人たちよりもはっきりわかることがあったという話もあるのだ。

　そして情報力とは、想像力の一語に尽きるのではないかと私は考えている。


『人を動かす力』

逆境に学んだ西郷隆盛

西郷という人物は、実は、あの大きな体からは想像もできないほど、挫折の人生を送っている。尊皇攘夷の幕末期、勤王の僧であった京都清水寺の住職・月照と共に、入水自殺を企てるまでに追い込まれた。しかも、自分だけが助かってしまった。そのうえ、幕府の追及をかわすため、名前を変えて奄美大島へと島送りにされる。この時の西郷の悩み、苦しみは、想像を絶するものがあっただろう。若き西郷の気持ちはすさみ、荒れた。生きている価値もないと思ったのだろう。「土中の死骨」だ、などと友人に書き送ったりしている。

実は、島送りは、この一回だけではなかった。二年後運よく帰還が叶《かな》い、勇んで国事に奔走し始めるや否や、その動きが、島津久光に誤解され、今度は絶海の孤島沖永良《おきのえら》部《ぶ》島に流されてしまった。さすがにこの時は、この島で一生を終ると覚悟したことだろう。そしてここで悲観し、人生に絶望していたら、後の西郷隆盛はなかっただろう。

二度にもわたる島流しに遭《あ》いながら、また、究極ともいえる人生の責苦にあいながらも、西郷を甦《よみがえ》らせたものは何だったのか。彼は、沖永良部島でただひたすら書を読んだ。

四書五経をはじめ、『荘子』『韓非子』佐藤一斎の『言志四録』などを中心に勉学に勤しんだ。

「まるで学者のようだ」と知人に書き送っているが、同時に座敷牢の中から近在の若者たちの学習指導もするようになっていった。こうして西郷は、荒《すさ》みきった自分から脱し、絶望に悩む自分を解放して、次第に安心立命の境地を築いていったのだった。

と同時に、いかなる逆境においても、凛《りん》として立ち直る、若竹のような精神的強さと柔軟性、打たれ強く生きていく逆境に対する免疫力も身につけていった。この強さと柔軟性と免疫力があったからこそ、西郷は明治維新という大業を成し遂げることができたのだ。

西郷隆盛の有名な漢詩が、この事実を如実に語っていると思う。

「幾《いく》たびか辛酸《しんさん》を歴《へ》て 志《こころざし》始《はじ》めて堅《かた》し
丈夫《じょうぶ》は玉砕《ぎょくさい》するも甎全《せんぜん》を愧《は》ず
一家《いっか》の遺事《いじ》人《ひと》知《し》るや否《いな》や
児孫《じそん》の為に美田《びでん》を買《か》わず」。

『悩む人ほど、大きく伸びる』

福沢諭吉の偉いところ

自己を否定し、他人をも否定することほど難しいことはない。従来通り、今まで通りにいるほうがずっと安全だし、不安を感じることもない。

だから、普通の人の心理としては、何も変えずに、波風など立てたくないと考えるものなのだ。

そういうかなり深い心理状態が働くからこそ、変える場合には信念を持って変えなければならない。そこに、後ろめたさを残さないようにしなければならないのだ。

そのいい例は福沢諭吉だ。

福沢諭吉は青春の大部分を費やしてオランダ語を学んだ。蘭学は当時、最先端の学問だったからだ。

そして、大坂の緒方洪庵《おがたこうあん》の蘭学塾の塾頭にまでなったのである。だから、日本で一番オランダ語に通じているぐらいの自信を持って江戸へ出たのだと思う。

江戸でしばらく仕事をし、ある時、横浜へ行った。ところが、横浜ではオランダ語などまったくの用無しで、外国人との通常の会話はほとんど英語だけ。福沢の出る幕などなかったのである。

福沢はがっくりと気落ちする。自分の青春は無駄だったのかと落ち込む。それはそうだろう。あれほど気合を入れてやってきたオランダ語が何の役にも立たないとなれば、足元もふらつくほどがっかりしたに違いない。並の人間なら、たぶん、それ以上何か新しいことに挑戦する気力などなくしてしまう。

ところが、ここからが福沢の偉いところだった。彼は悩んでいても仕方がないとあきらめる。そして、やらなきゃならないものはやらなければならない、ということで、今度は英語を本気でやり始めたのである。

すると、これは大変なことだ、と考えていた最初の危惧《きぐ》はしだいに晴れていく。英語とオランダ語は文法が似ているから、オランダ語に通じていれば、英語はわりと楽にマスターできるのである。こうして福沢は、その後、アメリカにも行き、ヨーロッパにも行く。『西洋事情』などを書いて、日本開花期の知的リーダーとなっていったのである。

福沢が活躍できたのは、蘭学が役に立たないことを知った時、ならば、というので断固として英語に切り換えたからだ。


『すごく「頭のいい人」の生活術』

人を見定める度量と見識

明治維新の元勲たちは本当に懐が大きく立派だった。

彼らにしても死に物ぐるいで徳川幕府と戦ったわけだから、その時点では大いに徳川幕府を憎んでいた。憎んでも憎み切れないほどの相手だったのだが、意外なことに二人ぐらいしか処刑していない。普通ならば戦争して勝ったのだから、あいつはあのときこうだった、あいつには部下を大勢殺された、あいつも生意気だった、あいつも、こいつもといった具合に、次から次へと処刑してもおかしくはない。なのに、本当に憎しみから処刑されたのはわずか二人ぐらいなのである。

一人は近藤勇。これは維新の志士をばったばったと斬った張本人だから、やはり許せない。

もう一人は小栗上野介。これは、北海道をフランスに売って、その金で官軍をたたきつぶそうとした計画がみえみえで、しかも海軍を使って勤皇軍をつぶそうとした。海軍を使われるのは官軍が最も嫌がったことで、実現していれば本当にどうなったかわからない。これは生かしてはおけないということで、小栗は処刑された。

この二人以外は、幕府方だったからという理由だけで処刑などはしていない。処刑するどころか、将軍慶喜はあとで公爵にしているし、敵対した大名たちにもみな伯爵など何かしら爵位を与えている。

榎本武揚など、他は降参していたにもかかわらず、一人軍艦をひきつれて北海道へ渡り、箱館戦争で最後まで抵抗している。本来ならばこんな男は即刻首をはねられても文句は言えないのだろうが、維新政府はその後、わざわざ榎本を招いて、海軍中将に抜擢し、その後逓信《ていしん》大臣や外務大臣といった要職に就けたりしているのである。

どうしてこのようなことができたのか。榎本武揚は最後まで抵抗したが、それは、幕府の家臣として当然の行為であると考えたからである。明治の男たちはやはり非常に太っ腹で、敵だからといって簡単には憎まない。幕府の家臣なら、幕府のためにとことん戦うのは当たり前だ。しかもよく戦った有能な男だから今度は維新政府のために役立ってもらおう、というわけなのである。

人を見定める価値の置きどころが浅薄ではないのだ。自分の方だけに役立ったかどうかで人を判断せず、向こうの方、敵方に大いに役立ったのなら、それはそれで大いに評価しようというのである。筋を通して戦ったではないか、敵ながらあっぱれ、ということだ。

大久保利通という人物

　大久保が偉いのは、頑強ではあっても決して頑迷でなかったことだ。状況の変化に応じて、ときどき軌道修正をやっている。たとえば、幕末のある時期まで、大久保は公武合体論だったのであるが、幕府ではどうにもならないことがわかると、さっと討幕論へ切り替えている。そういう点では実に柔軟である。

　しかも、非常に慎重な面がある。たとえば、下の者が何か提案したとき、六、七割はそれを採用する気があっても、「考えておきましょう」と言ったそうだ。百パーセントやる気がある場合でも、「それは審議あるべく」、つまり、「会議にかけましょう」と言うし、完全に決定した後でも「おそらく……」と言っていたという。しかも、こうした慎重さが臆病からきているわけではないのだから、やはり大した人物だと思う。

下で働く人間にとって、大久保ほど頼りになる上司はいなかっただろう。トップの腰が定まらずに方針がフラフラするほど、下の者が困ることはないのだが、大久保は一度決めたら微動だにしないし、かと言って頑迷ではないから、状況の変化にも柔軟に対応できる。慎重な面があって、絶対に暴走しない。これほど下が安心して働ける指導者はいない。伊藤博文や大隈重信といった薩摩以外の人材が大久保の下に集まったのもよくわかる。

西郷と大久保と木戸の三人を「維新三傑」と呼んでいるが、政治家としての見識という点では、何と言っても大久保が第一だ。

『人を動かす力』

東郷平八郎の度胸

日本海海戦で世界の海戦史上他に例のない完全勝利をなし遂げた東郷の〝度胸のよさ〟はすさまじい。東郷は日本海海戦で有名な丁字戦法を採用するわけだが、これは敵艦隊に砲火を集中できる代わりに、一つ間違うと味方が甚大な被害を受ける危険性もある。ところが東郷は、あえてそれを実行したのだ。

旅順にいたロシアの太平洋艦隊はすでに全滅しているから、バルチック艦隊さえ破れば満州にいる陸軍への補給は確保され、日本が戦争に負けることはまずない。しかしそれには、バルチック艦隊を一隻残らず沈めなければならない。丁字戦法で戦えば、自分は死ぬかもしれないし、連合艦隊も全滅に近い損害を受けるかもしれない。その代り、バルチック艦隊も一隻残らず沈めてやる——というのが当時の軍令部や東郷の考えだったのである。

また、敵艦隊がどこへ来るかについても、東郷は最初から度胸よく決めていた。バルチック艦隊の目的地はウラジオストックだが、対馬沖を通るのか、津軽海峡を抜けるか、連合艦隊司令部のなかでも意見が分かれ、作戦参謀の秋山真之はそのためノイローゼ気味になったと伝えられるほどだ。しかも、バルチック艦隊は病院船や補給船を連れているから速力が遅く、予想していた時期になっても日本の近海に現われない。

そこで、艦隊主力を津軽方面に移動させようか、どちらから来てもいいように艦隊を二つに分けるべきだ、といった意見が参謀のなかから出て来る。しかし、東郷は最初から対馬沖以外にありえないという考えであり、また事実そうなったわけだが、ともかく、ここまで徹底的に度胸をすえてかかったからこそ、自分の思う通りに戦ができたと言える。

『指導力の差』

小粒になった日本人

私は、維新の元勲や偉い人と、それ以降の人たちのスケールの違いの原因の一つは〈教育組織〉にある、と考えている。というのは、維新以前の人たちの教育は、史記とか『論語』とかの漢籍を中心とするものであり、専門教育はその後につけ足し程度に受けたにすぎない。一言で言えば少年期に〈文学部の教育〉しか受けていない。そうした彼らの圧倒的な教養は「左国史漢」的な教養であった。

これに対し、維新以降は西欧流の学問が中心となったので、教育もその方法に則ってきちんと行われた。ところが、その後の評価を見ると、維新以前の「左国史漢」的教養を身につけた人間たちは外国人に軽蔑されなかったのに対し、それ以降の人たちはあまり尊敬されていない。

この点について、明治の東京帝大で教鞭をとったケーベル先生は『ケーベル博士随筆集』(岩波文庫)でいいことを言っている。先生は、留学して少しばかり西欧流学問をしただけで偉そうな顔をしている東大の学者どもをコテンパンにこきおろしているのである。反対に漢文学者の根本通明とか国文学の物集《もずめ》高見についてはマ本物のジェントルマンだとして非常に温かく書いている。お互いに言葉は通じなくとも、その態度や学問の雰囲気でジェントルマンと判断したのであろう。ケーベル先生自体、西欧の本格的な教養の伝統を汲んだ人であるから、本物は本物を知る、といったところであろうか。

西郷隆盛にしろ、乃木希典にしろ、根本通明と同じ系統の学問をやっているから、さらさらと漢詩を作ることもでき、また実際に立派な漢詩を残している。こういう人たちがいなくなるとともに、日本の軍人たちもどんどんスケールが小さくなり、外国からもあまり尊敬されなくなっていった。

『わが書物愛的傳記』

渋沢栄一の「論語と算盤」

渋沢が実業家としての心得を説くにあたり、『論語』の中でもよく用いたのが、次の一節である。

「富と貴きとは、これ人の欲する所なり、其の道を以てせずして之を得れば処《お》らざるなり。貧と賤とはこれ人の悪《にく》む所なり、其の道を以てせずして之を得れば去らざるなり」

富を得ようと思ったり、身分が高くなりたいと思うのは人間の本能であり、否定するものではない。ただし、それが道ならぬことで富貴になるなら、ならなくてもよい。そして貧しさや低い身分は誰もが嫌がることだが、その嫌がる身分から抜け出すために悪事をしなければならないなら、貧しく身分が低いままでよい。これが孔子の考えであり、同時に真の武士道である。そして商売をやる者にも、通用する考え方だというのである。

もう一つ、次の一節も好んだ。

「富にして求むべくんば執鞭《しっべん》の士といえども、われまたこれをなさん。もし求むべからずんば、われが好むところに従わん」

執鞭の士とは、大名行列等で馬の先にいて「下に、下に」と言って歩く、先払いのことである。賤しい者の仕事とされたが、それできちんとした収入を得られるなら、その仕事でも構わない。つまり正業ならば職業に貴賤はないというのが、孔子の考え方だというのである。

この二つが渋沢が最もよく使った話で、つまり孔子は富を否定しているのでも、「貧しくあれ」と言っているのでもない。仕事を賤しいことと考えているのでもない。「問題は富を稼ぐことでなく、その取得方法である」というのが、渋沢の『論語』解釈の核心だった。そこから正しく富を得るためには算盤勘定だけでなく、道徳を学ばなければならないという「論語と算盤」の考え方が出てくるのである。

『人を動かす力』

フィロソファー松下幸之助

本当の豊かさということを考える場合、やはり思い出すのは松下幸之助です。

松下幸之助の場合は、考え方が普通と反対でした。宗教は信者がお金を払って尊敬する。自分は社員にお金を払っているのになぜ尊敬されないのか。それを深刻に考え抜いたのは、松下に哲学的な素質があったからでしょう。

松下幸之助を日本人はだれも哲学者と思わなかったけれども、『タイム』誌が「フィロソファー」と表現した。あれは的確だったと思います。その意味ではPHPはすごい思想です。「Peace and happiness through Prosperity」。「スルー・プロスペリティ」をつけた哲学者は世界にいない。

ピース（平和）とハピネス（幸福）はみんな説いています。釈迦でもピース・アンド・ハピネスです。麻薬でもピース・アンド・ハピネスは得られる。しかし、それではダメであり、繁栄（プロスペリティ）によって得るピース・アンド・ハピネスでなければならないと松下幸之助は考えた。お父さんが働いて月給を家に持ってくる。それをもって家が治まりハピネスになる。こういうような感じでしょうか。これは世界に類を見ない。「繁栄のための努力によって」というのは、通俗といえば通俗だけれども、強力な哲学であると思います。

『大人の読書』

日本の神様

日本の神様の中で一番偉いのは天照大神である。その直系が天皇であるから、日本の他の神様はみんな天皇より偉くない。稲荷さんだって、正一位稲荷大明神といって天皇から位をもらっている。日本の神様というのはみんな天皇より偉くない。ところが、その天皇が頭を下げる神社がある。一つは前からあり、もう一つは新しく造った。前からあったのは伊勢神宮とか八幡宮である。ここでは天皇は先祖神に対して頭を下げられる。二つめには感謝の意を表わして頭を下げる靖国神社がある。これは、うまく造ったとも言えるが、そうしてもらうと納得できるような下地が日本人にはあったのだと思われる。国のために死んだのだから、公には靖国神社には神様として祀られる。ところが家のほうでは、兵隊として、あるいはせいぜい将校として死んだぐらいでは偉くはないため、やはり仏壇である。私的には仏壇で祀っているが、公的には神様になる。
しかし、特に偉い人の場合になると、東郷神社や乃木神社といったように個別の神社になる。〝真珠湾〟の山本五十六元帥にも山本神社というのが出来かかったのではなかろうか。私の記憶ではたしか出来たような気がする。私の郷里では西郷隆盛が非常に好まれているからだろう、戦後に、立派な西郷南洲の神社を造っている。あのぐらい偉い人になると、ひとまとめにして祀られる神様ではなくて、個人の神社になった。偉くない者はただのお墓……大体これが日本人の考えである。

『アングロサクソンと日本人』

日本の国柄

日本という国の始まりは神話の時代までさかのぼる。初代天皇である神武天皇の「八《はっ》紘《こう》をおいて宇《いえ》となさん」という言葉が、つまり「八紘一宇」の精神が国柄を象徴していると私は思う。

それを端的にあらわすのは、勝者となった大和朝廷が自分たちの神を押しつけず、敗者の側はそれぞれの神を祀《まつ》ることが許されたことだ。だから、日本は「八百万《やおよろず》の神」の国となった。平安時代に入っても、征夷大将軍の坂上田村麻呂《さかのうえのたむらまろ》が東北地方に遠征したとき、蝦夷《えぞ》を撃滅しようという発想はなかった。それどころか、田村麻呂の態度には敗者を慮《おもんぱか》る精神さえ見て取れる。

この「相手を尊重する」という精神は、封建時代に培われた武士道の根底にも流れている。「武士は相身互《あいみたが》い」であり、敗者に対する「武士の情け」は当然求められるべきことだった。

『アメリカが畏怖した日本』

正義より「和」の日本人

聖徳太子《しょうとくたいし》が「和《わ》を以《も》って貴《とうと》しと為《な》す」と言ったのは、彼が巨大な豪族社会のバランスによった政権を立てて、実感として〝和〟が大切だということを知ったからだろう。

彼は国家的な規模で言っているわけだが、どの村でも何が大切かといえば、やはり正義よりも和であった。そしてそれが、古来、バック・ボーンとなって日本という国を支えてきた。

正義というのはプリンシプル、すなわち原理・原則ということだが、日本人には、プリンシプルよりも和のほうが重要なのである。頭の中でこねあげた理屈から言えば正しいが、それをやってしまえば和が崩れるということを、日本人は根っこの部分で知っている。だからこそ、和に反するようなものは受けつけない。

『歴史の読み方』

「和」の重視とその問題点

このように、みんなが安心感を持ち、能力を平等だと思いこんでいる社会でのリーダーシップのあり方は、当然、人の嫉妬を受けることが少ない人で、和を保ちうる人である。

聖徳太子の十七条憲法の第一条の冒頭の文句が、「和ヲ以ツテ貴シトナセ」であったことは、日本人みんなが知っており、しかも実感をもってうなずくところである。聖徳太子にしても、それは実感であったろう。隣りの異民族が攻めこむ危険はない。恐いのは同族の不和である。事実、聖徳太子の子孫も同族の不和によって滅ぼされてしまった。

大地にもとづいた安心感を持つ農耕型民族にとって恐ろしいのは、仲間同士の不和なのである。そして、リーダーシップが弱いときているから、まとめ役は力を持った統率者ではない。嫉妬深い連中をいかにして仲よく保つか、これが最大の関心事になる。これは「仲間割れさえしなければ、ほかはどうでもよい」という形にまで進む。

この発想法が極端まで進んだのが、この前の大戦の勃発《ぼっぱつ》直前の情勢である。これは組織内の「和」を重視しすぎることが、いかに大きな大乱に至るかを示すという意味で、今日のわれわれにも参考になる。

『日本そして日本人』

〝和の時代〟と〝実力の時代〟

長く戦乱が続くと和の原則が崩れてくる。それは戦国時代をみればよくわかるが、戦国時代はさすがに実力主義で、和を以って貴しと為しているわけにもいかない。

たとえば、一族の平和のためにある人を領主に戴《いただ》いても、戴かれた人がバカであれば、みんな滅びてしまう。こういう時代は、やはり和よりも能力があって、戦いに勝ってくれる人を殿さまに担《かつ》ぐ。

織田信長《おだのぶなが》をみるとわかりやすいのだが、彼はプリンシプルをひじょうに厳格にゴリ押しする。自分の統治政策に相反すると思えば、農耕民族ならやりそうにもない仏教徒を根こそぎ焼き殺すといった暴挙にもでる。発想法が、それまでのものとはちょっとずれてくる。だから、彼の時代は、〝和の時代〟より〝実力主義の時代〟と言ってもいいかもしれない。また、実力の時代は能率の時代、アイデアの時代でもあるから、鉄砲も使う。

ところが、徳川家康《とくがわいえやす》になると、彼は〝実力の時代〟を生き抜いてきたわけだが、彼の目に映ったのは、〝実力の時代〟は人間を幸福にしない、ということだった。そのため、ひとたび天下を取るや、「馬上天下を取るも、馬上天下を治むべからず」という原理に戻る。これは、実力によって天下を取ってもいいが、実力主義で天下を治めてはいけないという意味である。

では、何によって治めるかというと、要するに、再び〝和〟の原理に立ち返る。家康は儒教《じゅきょう》にひじょうに魅《ひ》かれ、儒学を徳川幕府の中心的学問に据《す》えたわけだが、単純に儒教に魅かれ、それを奉じたというよりは、儒教が和に役立ちそうだから使ったにすぎないと思う。要するに、幕府体制を強固にするための彼の意見に、儒教が適切だと判断したから、奨励したのである。

『歴史の読み方』

「根回し」はなぜ必要か

日本人が公の場所で議論したり、しゃべったりするのが嫌いなのは、それがストレスのかかる場所だからだ。日本人はストレスのかかった場所で、いきなり判断を求められると、他民族にまして自分の実力が出ない民族のようだ。もっとストレスのない状態で考え、判断させてほしいと考える性向を持っているのだ。

事実、日本の経営者や政治家の中には、個人的に会って話をするとものすごく面白いが、公的な場所での話は全くつまらない、というタイプの人物が意外に多い。

「根回し」が必要とされるのはこのためである。つまり、ストレスのかからない状態で考え、判断して、〝実力を出す〟ために、「根回し」が必要になるわけなのだ。

『人を動かす力』

5　女性が活躍する国

日本を貫く平等原理

古代より日本人は、五・七・五・七・七という定まった和歌の形態の中にさまざまな思いを託してきた。わが国に現存する最古の歌集である『万葉集』（成立年未詳・七五九年以降か）には、そうした古代の日本人の心情が長歌、短歌をあわせて四千五百首も収められている。

この『万葉集』の特徴は、柿本人麻呂《かきのもとのひとまろ》のような職業的歌人だけではなく、名もなき庶民から歴代の天皇まで、さまざまな人の和歌が収録されているところにある。このことについて「和歌の前に平等」と表現したところ、谷沢永一《たにざわえいいち》氏（故人・関西大学名誉教授）から大変にほめていただいた。

「和歌の前に平等」というのは、もちろん「法の前に平等」や「神の前に平等」をもじった言い方である。「人間は平等」と言っても、実際は男女の別、老若の別、貧富の差など、さまざまな区別や格差が存在する。そこには「何に対して平等なのか」という問いがどうしても生じてくることになる。そこで私は、文化によって平等の定義というものが違っているのではないかと考えた。

たとえば「法の前に平等」というのは、近代国家の思想と言っていいだろう。あるいは古代ローマ帝国も「法の前に平等」だったと言えるかもしれないが、その思想が定着したのはフランスの人権宣言以降であると考えていいように思う。

また、キリスト教であれば「神の前の平等」というのが根本原理となっている。中世の絵画などには、ローマ教皇や枢機卿《すうききょう》のような教会の中の最高位に位置するような人たちが地獄に堕《お》ちている場面を描いた作品が見られる。これは、神の前においてはローマ教皇もあるいは乞食《こじき》のような人たちも区別なく平等であることを表しているわけである。

このような平等原理を日本の中に探したところ、わが国においては「和歌の前の平等」ということが言えるのではないかと気づいたのである。日本において「法の前の平等」が完全に実現したのは、女性に参政権が付与された第二次世界大戦後ということになるだろう。しかし、八世紀に成立した『万葉集』においては、和歌さえ上手であれば、天皇も大氏族も兵士も農民も乞食も遊女も、みんなが平等であった。和歌の前では男女の区別もなければ、貧富の格差もない。ゆえに日本の歴史を貫く平等原理は和歌であったと私は言いたいのである。

『日本史百人一首』

和歌が日本文化を守った

山上憶良《やまのうえのおくら》の長歌にも「神代《かみよ》より言《い》ひ伝《つ》て来《け》らく　そらみつ大和《やまと》の国は皇神《すめろぎ》の厳《いつく》しき国　言霊《ことだま》の幸《さき》はふ国と　語り継ぎ　言ひ継がひけり」とあるように、日本文明の核心部は、神話の時代から一系の皇室と、大和《やまと》言葉にあると見ることができる。もしこれがなければ、日本という国は、シナ大陸文明の一部として組み込まれてしまっていたであろう。それは朝鮮半島がシナ文明圏に入れられているのを見れば理解できよう。

仏典や儒教の書物は、深い哲学や高い文明を載せて、日本にやってきた。膨大なボキヤブラリーは漢字であった。それにもかかわらず、『古事記』や『万葉集』は大和言葉であり、漢文で書かれた『日本書紀』でも長歌・短歌はすべて大和言葉であった。和歌こそは日本文明を言語で守ってくれたのだ。「言霊の助くる国」であったことを肝に銘じよう。

『日本史百人一首』

なでしこ日本

『源氏物語』を読めば、紫式部の創作の才能の偉大さを疑う余地はない。ここでは文学の話には詳しく立ち入らないが、「どうしてそういう女性が出たか」というところに目を向けたい。そこに日本独特のものがあると思うからである。

まず、確認しておきたいのは、平安朝における女性の文人が紫式部一人ではないことだ。たとえば、エッセイの分野には清少納言がいる。清少納言のエッセイは世界に類がないほどズバリと物事の真髄を突く。いま読んでも、その近代性は目を剥《む》くばかりだ。

あれほど近代的なエッセイがあり得るだろうかといわれるぐらいのエッセイで、それこそフランスのモラリストでもシャッポを脱がなければならないような名文句が多い。『源氏物語』を英訳したウェーリーは晩年、清少納言のほうが好きだったようだが、清少納言にしても、書かせればもっとたくさんのエッセイを書いたと思う。

また、和泉式部、赤染衛門《あかぞめえもん》、式子《しきし》内親王といった歌人もいる。「百人一首」に出てくる女性を数えただけでも何人も出てくる。それから『源氏物語』ほど長くはないけれども、物語を書いた女性は他にもいる。

紫式部は突出しているにしても、彼女以外に多くの女性作家、歌人が平安朝の日本に出た。これほど女性が活躍した背景には、遠くは日本の神話に根ざした日本人独特の世界があるからではないだろうか。

日本では神話の一番根幹からして、ユダヤ教やキリスト教のように「全能の神様は男」というイメージではない。日本の神話で最初の頃の神様は、男女の区別がないような神様である。そして、日本の国をつくったのは伊邪那岐命《いざなぎのみこと》・伊邪那美命《いざなみのみこと》という男女の神で、共同作業をしている。いわば夫婦みたいなものだ。要するに神様といえども男女相補性をもち、男女同権とはいわないまでも、男女共同参画のようなことを神話の上でやっているのである。

『世界に誇れる日本人』

6 日本人と土地

日本の体質

日本の体質は、まさに根本的に農村的である。日本史を学ぶ場合には、日本人が古来、土地に執着する民族であり、隣人は永久に変わらないと仮定しやすい人間であり、能力を表立てると治まりにくい国であるということを考慮に入れておく必要がある。

『歴史の読み方』

土地への執着

日本もシナも農耕型なのであるが、その歴史の中の代表的名将というのは土地に対する執着が少ないという特徴を示している。日本の楠木正成《くすのきまさしげ》、シナの諸葛孔明《しょかつこうめい》は和漢の大軍師ということになっている。

楠木正成は最初に鎌倉幕府に反対して立ち上がった時から、戦場から撤収することを考えていたようである。最初、赤坂《あかさか》城に旗上げした正成は、巧妙に戦って幕府軍を悩ますが、この小城がいつまでも持つとは考えてはいなかったようで、城を枕に討死する、などという華々《はなばな》しいことはしない。そして、しばらく潜伏してから、再び赤坂城を取りもどす。さらに幕府が大軍を挙げて攻めると、赤坂城を放棄して、そこからさらに十キロも奥にある千早《ちはや》城に撤収する。幕府がこの城を落としかねているうちに、日本中に反幕府勢力が起こって、幕府のほうがひっくり返ってしまった。

こうして成った「建武《けんむ》の中興《ちゅうこう》」も長くは続かず、足利尊氏《あしかがたかうじ》が朝廷に逆《そむ》き、鎮西《ちんぜい》の大軍を率いて京都に攻め上《のぼ》ってきた。正成は朝廷に一つの根本的戦略を提案する。それは、劣勢な朝廷軍が足利尊氏の大軍と正面衝突しては勝てるわけがないから、まず天皇は比叡山《ひえいざん》に逃げて、足利軍には京都を占領させる。そして正成の軍は河内《かわち》の本拠から活動を開始して、京都と瀬戸内海を遮断する。足利軍の食糧その他は瀬戸内海から来るのであるから、そのルートを断ち切られると、京都にいる足利軍は大軍だけに、食糧難も深刻になる。

元来が利権集団の足利軍であるから、そこを後醍醐《ごだいご》天皇の軍が錦《にしき》の御旗《みはた》を押し立てて攻撃すれば、必勝の形になるだろう。これが楠木正成の戦略である。京都という、土地の中でもいちばん大切な土地にこだわらずに、それを棄てることをすすめるのだ。「戦《いくさ》に勝てばよいではないか」という目的意識が第一であって、土地をいったん手放すことは平気である。

ところが、朝廷の人たちは土地離れしていない。勝ち負けという終局的目的よりも、土地を放したくない、という気持ちが第一に来る。それで楠木正成の案は却下される。つまり楠木正成は、朝廷の百姓根性勢力に政治的に敗れたのである。そこで見切りをつけた正成は、「今はこれまで」と湊川《みなとがわ》に必敗を覚悟で出陣し、それで玉砕《ぎょくさい》する。

自害する直前に、弟の正季《まさすえ》が「七度人間に生まれて朝敵を滅ぼしたい」と言ったのを聞き、それに満足げに同意したというので、「七生報国《しちしょうほうこく》」というスローガンを後世に残した。

勝ち目がないのに必ず死ぬ攻撃に出かけた昭和の特攻隊が、自らを菊水隊《きくすいたい》（菊水は楠木の家紋）と称したり、「七生報国」の鉢巻きをしたのは、この正成の心事に共鳴したからである。三島由紀夫《みしまゆきお》も「七生報国」の鉢巻きをして割腹したが、この伝統に連なっている。

『日本そして日本人』

日本の土は先祖そのもの

日本人が日本の島々に異常な執着を示すのは、いちいち意識するわけではないが、何千年来、先祖代々、この島の土が血のつながった人たちの屎尿《しにょう》によって豊かにされ、そのおかげで生じた穀物で自分たちも生を受けて生長し、こんどは自分たちの屎尿をこの土に返して、それによって子孫が生きて繁栄していくということが、意識の底にあるからであろう。日本の土はわれわれの先祖そのものなのであり、人間の不滅というものがあれば、それは日本の土に繋《つな》がっている。

『日本そして日本人』

農耕的社会でのリーダーシップ

土地に安心感を置くような農耕社会では、能力の差は騎馬型社会のように顕在化しにくい。したがって農耕的社会でのリーダーシップは、すぐれた能力よりも「真面目さ」「努力」「犠牲心」などの人徳が物を言う。さらにそれよりも重要なのは、ほかの人に嫉妬心を比較的起こさせない人であることである。

能力が画然《かくぜん》と現われにくいところでは、雀も鷹《たか》と同じぐらいに実力があると思いがちである。大力・大胆で走るのが早く、目も鋭く耳もよい、という男と、力が弱く臆病で近視で、のろまの男とは、騎馬型社会での価値は天地の差ほどある。

前者は大将にもなるが、後者は最初の戦《いくさ》で殺されて消えてしまうだろう。これだけ実力に差のある二人でも、農村において百姓仕事をさせておくかぎりにおいて大差はない。農耕社会においてさえ人目につきやすい体力の差も、特に病弱でないかぎり平等視しうるのである。

いわんや知力のように目に見えにくいものは、みんなが同じだと自惚《うぬぼ》れうるのだ。本当は大差があるのだが、その差を無視したり、あるいはそれに気付かないでも生存してゆけるような社会は、嫉妬しやすいのである。

「能ある鷹は爪を隠《かく》す」という。しかし一生、ずっと爪を隠し続けざるをえないとすれば、その爪はないと同じことである。また、今ある爪だって、まったく使わなければ、そのうち駄目になってしまうであろう。「能ある鷹でも爪を隠さざるをえず」というのがより真相に近く、もっとはっきり言えば「能ある鷹も能なし鷹も爪を隠す」ということになる。

『日本そして日本人』

7 日本人のこころ

祖先とつながる日本人の「心」

「やまとうたは、人の心を種《たね》として、万《よろづ》の言《こと》の葉《は》とぞなれりける。」

これは和歌の起源論である。その起源を貫之は比喩でのべる。和歌に用いられた言葉は、たとえて言えば繁った木の葉のようなものである。そのもととなった種子は人の心であるという。大きな樫の木に無数についている一枚一枚の葉を、無数に作られてきた一つ一つの和歌にたとえてみよう。その場合、その樫の木のもととなった「どんぐり」に当るのが「人の心」である。

この「心」であるが、古代の日本人はかなり具体的に考えていたようで、人の体の中で凝《こ》り凝りしたもの、そして生命の座と考えられたもの、すなわち人間の内臓、特に心臓などをそれと関係して考えていたようである。したがって古代の日本人が「心」といった場合は、現在よりも肉体的ニュアンスが強くあったと考えるべきであろう。そして祖先崇拝が生き生きとしていた時代には、その「心」は祖先より受けたということが当然の前提となる。なにしろ古代の日本語には、今でいう「死」という単語の存在さえあやぶまれているくらいであるのだから。日本史の上で最初に死んだ例は、『古事記』によればイザナミノミコトであるが、このことを神避坐也《かみさりましぬ》としてある。実際、死んだとさ れるイザナミノミコトは黄泉国《よみのくに》に行ってもたいへん元気でいるから、いわゆる死んだのではない。「おかくれになった」にすぎないのである。日本人はこれらのほとんど肉体を持って生きているかのような神々の子孫ということになっており、心も肉体もそれにつながっていることをしごく当然のこととしていたに違いない。「どんぐり」は生物学的にその前の樫の木に連らなり、樫の葉の一枚一枚はその「どんぐり」と生物学的につらなる。

『日本語のこころ』

日本人の「こころ」の柔軟性

宗教は日本人にとっては外皮にすぎないのだ。そんなことよりも、「こころ」を清くし、「こころ」を正しくすることの方がより一義的だというのが日本人の発想の根本なのだ。

この考え方を、初めて意識的に説き明かしたのが、江戸時代に起こった心学だ。江戸中期の儒学者石田梅岩《いしだばいがん》を祖とするところから、石門心学《せきもんしんがく》ともいう。

彼は朱子学を中心としながらも、儒教、仏教、神道の三つを融合した。そしてそこから、人間の本当の姿を追求しようとした。だから、人の進むべき道は儒教にも仏教にも神道にもあり、それらいずれにも偏《かたよ》る必要はない。人それぞれに進む道があると説いた。

つまりどういうことかというと、どんな教えにもいい所はある。ならば、そのいい所取りをして、自分の「こころ」を磨けば、それでいいということだ。

宗教の教えというのは、いわば磨き砂みたいなもので、お釈迦様だろうが孔子様だろうが、日本の八百万《やおよろず》の神様だろうが、その教えのいい所を使って「こころ」を清く正しくすればいいというのだ。

西欧の宗教だと、このような考えは出てこない。宗教の教義がまず先行し、この教えに人間、つまり「こころ」は従わなければならない。

そうではなく、「こころ」を中心として考えれば、手段はどのようなものでも構わない。そこでは、どの教えが正しく、どの教えが悪いのかといったことは問題にはならなくなる。儒教も仏教も神道もよい教えは「こころ磨き」においては同列になる。

これは、難しい表現をすれば、宗教の相対化だろう。そしてこのような形で他の教えも認め、宗教そのものを相対化した国は、文明国では日本しかない。それもこれも、「こころ」は勾玉みたいにコロコロしているものだ、という発想があるからこそ生まれてきた思想だと思う。

しかも、一つの教えで磨けば偏りが出る。ならば良いとこ取りをすればいい、という考えは、日本人の柔軟性をも生んだ。これが明治維新以後、西洋思想を柔軟に取り入れて発展していった根底にあったのだと思う。

『悩む人ほど、大きく伸びる』

日本人の「こころ磨き」

日本における精神修行というのは、すべからく「こころ磨き」に行きつくと思う。修行というと、仏教の僧、特に禅宗の僧侶を思い浮かべる人が多いせいか、座禅を組むことがその典型と思いがちかもしれない。しかしそうではないのだ。日本においては、磨き砂は何でもいいと考える。神道系が強いものもある。儒教的なものもあれば、キリスト教的なものもある。何が一番自分の「こころ」にとって磨きやすいのかは、結局、何が自分のためになるのか、ならないのかで判断すればいい。

コロコロする「こころ」を、自分に合った磨き砂、自分の好きな方法で一生懸命に磨く。すると勾玉はピカピカと光り輝き、美しい色彩をも放つようになる。あるいは、透き通るような美しさを見せるようになるかもしれない。

その美しさが出た時、人はこの人を立派な人物と認めるようになる。だから、常日頃から「こころ」がどのような状態なのかを考え、いつも美しくあろうと心掛ける。

ハートは美しいとか、きれいだとはいわない。日本語の「こころ」だけが美しい、きれいだ、と表現できる言葉なのだ。

だから私は、「こころ」という言葉自体が、日本人の心を表現し、だからこそその言葉が日本文化の中心にあると考えるのだ。

『悩む人ほど、大きく伸びる』

建前と本音の使い分け

明治憲法が制定された背景には、外交上の理由があった。明治時代は江戸の鎖国解除以後、諸外国との付合いが活発になってきたため、憲法がないと、諸外国とうまく付き合えなかった。つまり、日本がどんな国であるかを示す必要が出てきたから、憲法を制定したのであり、さらに不平等条約改正の一つの手がかりにしようとしたのである。

ところが、日本は憲法をつくったことはつくったが、日本人の体質を採り入れてないので、国民が憲法の規定どおりに動いてくれるのかどうかがよくわからず、不安だった。そこで、建前としての憲法以外に、国民にどう生きるべきかの指針を与えなくてはならなくなった。そして、日本国民の大多数が愛誦するようになった教育勅語ができた、というのが歴史的事実である。しかも、これは形としては簡単だが、日本人の体質、ひいては日本の体質＝国体に近いものだった。つまり同じコンステチューション(constitution)でも、憲法と勅語と二つに分かれたと考えてよい。

日本史を見ても、建前としての憲法と、本音である教育勅語を使い分けるといった型は、かなり多い。鎌倉時代の武家法というのは、これは慣習法だった。なぜなら、源《みなもとの》頼朝《よりとも》は、争いごとを裁《さば》くときに、律令国家の基本法だった大宝律令を用いなかった。頼朝は、裁いたあとで不満が残らないように武家社会の慣習を重んじ、慣習に照らし合わせて裁いたのである。

慣習によって裁くことが慣例化すると、その基準をもっとはっきりしてもらいたいという声が出てくる。そこで、執権北条泰時《ほうじょうやすとき》が貞永式目《じょうえいしきもく》をつくるわけである。

貞永式目は、従来の武家社会の慣習を簡単な形にまとめた慣習法(体質法)だったので、たいへんよく徹底した。慣習法だから、裁かれる側も文句は言えなかったが、これが大宝律令や養老律令で裁いたなら、人心は把握できなかったにちがいない。律令は、形式のみで法律としては形骸《けいがい》化していたが、明治に入って明治憲法に採り入れられるまで、絶えることなくその形を残してきた。つまり、日本人は本音と建前をはっきり使い分けられる不思議な国民と言えるのである。

『歴史の読み方』

8　日本の神話と建国

神話と歴史がつながっている日本

日本の体質、国柄、成文化されざる憲法とは何であるかというと、ひとつには、王朝が一つであること。これは戦前に「万世一系《ばんせいいっけい》」という言葉であまりに強調されすぎたため、今、日本の王朝が一つであるということを言ったりすると、いかにも反動と思われがちだが、戦前の右翼が日本の皇室を悪用し、日本を敗戦の混乱に導いたということと、日本の王朝はただ一つであるという事実は違うわけで、事実は何度繰り返しても、反動ということとなんの関係もない。

一つの王朝であるということが何を意味するかというのは、隣りのシナとくらべてみればよくわかる。シナ大陸には伝説的な堯《ぎょう》、舜《しゅん》の時代から現代まで、無数の王朝が繰り返されている。十二世紀以降の比較的新しい時代においても、元《げん》は蒙古《もうこ》族、明《みん》は南方漢民族、清《しん》は満州族によって建国されている。すなわちモンゴール、漢《かん》、ツングースと三種族が同じ地域に国家を建てている。使っていた言葉も元来は違っていた。

主な文献が漢文で表現されているので、われわれはなんとなく一つの国のように思いがちだが、民族、言葉の系統さえも違った王朝を持っていた。

そのような国民の王朝に対する態度と、神話時代から現代まで、王朝が絶えたことがないという国民の態度とでは、まるで違ってくる。

では、なぜ、日本の王朝が絶えることなく現代にまで続くことができたのか。

その理由は、建国神話が歴史時代にそのまま入り込んでいることにある。多くの民族の場合、建国神話を持った民族が、後に異民族に取って代わられているので、神話が単なる神話になってしまう。

『史記』を書いた司馬遷《しばせん》（前漢の歴史家）の時代は、すでにシナの神話をつくりあげた王朝とは王朝も違い、その王朝を支える基幹民族も相当違ってきていたと考えられる。そのため、神話は神話とされて、後の王朝からみておかしいところはことごとく切り捨てられている。

ほかの国においても、いずれも王朝の建設は、時間をさかのぼれば神話に結びついていったのだが、やがて神話と歴史が切れてくる。ホーマーの『イリアッド』とか『オデッセイ』などの詩を読めば、ギリシアの神々とか王朝が出てくるので、当時の人は、ギリシアのミケネ王であるアガメムノンの先祖は神様だと考えていたことがわかる。しかし、ギリシアの神話化された王家はみな絶えており、いまではまったく違った王家になっている。しかも、現在ではその王家さえもギリシアの地から追い払われている。

ところが、日本においては神話と歴史が切れていない。このことを戦前の日本人はひじょうに誇りに思っていた。戦後、歴史と神話が切れてないことに対して嫌悪《けんお》の情を示す歴史家が少なくないが、神話と歴史時代が続いているということは、その民族が他民族によって圧倒的な征服を受けなかった証拠であり、まずは慶賀すべきことである、という立場をとるのが当然である。

しかし、そうかといって、われわれは神話の時代に住んでいるのではないのだから、歴史時代をあたかも神話時代のように扱うのは、これまた間違っている。ただし、神話が歴史に続いていることを恥じるというのはおかしな話で、何度も述べるが、神話と歴史が切れた国というのは、いずれも先住民族が決定的に異民族の征服を受けた国であるということを忘れてはならない。

『歴史の読み方』

日本は世界最古・最長の王朝

王朝が古いということは、世界の国々の間での名家――名国と言うべきか――に相当すると言っていいでしょう。日本は神話から続く王朝のある唯一の国です。日本は王朝の古さでは、ザ・ハイエスト・ペディグリー（the highest pedigree：最も高い、すなわち長い家系）、つまり世界一の名家・旧家なのです。これだけでも世界文化遺産の資格があると私は思います。

『日本通』

日本神話と海の関係

歴史家は決して指摘しないが、神話のなかで気になるのは、『古事記』も『日本書紀』も、「神様が島をつくった」という伝承からはじまることである。

これが何を意味するかというと、日本人の古い記憶を記《しる》した当時の人々の祖先は、日本列島の周囲を船で航海した経験があるということにほかならない。あの時代に佐渡島《さどがしま》の記述があることも、それなら説明がつく。先祖が騎馬民族だとしたら、日本を端から端まで馬でグルッと一周したことになる。そんなことは不可能だ。青森県で見つかった三内丸山《さんないまるやま》遺跡は、九州あたりから見ればはるか北のはずれにまで日本人の祖先が到達していたことを示している。それは船による移動が行われていたからだと私は推測する。

また、伊勢神宮が創祀《そうし》されたのも、『日本書紀』（巻第六　垂仁《すいにん》天皇の二十五年三月）によれば天照大神《あまてらすおおみかみ》が倭姫命《やまとひめのみこと》に「この神風《かむかぜ》の伊勢国は常世《とこよ》の浪《なみ》の重浪《しきなみ》帰《よ》する国なり。傍《かた》国《くに》の可怜《うま》し国なり」という意味の神託を下されたからであるが、これも海からの視点によって記述されている。

これらのことを考えれば、日本の支配階級の伝承を支えたのが海洋民族であることは明々白々ではないだろうか。

『現代までつづく日本人の源流（渡部昇一「日本の歴史」①古代篇）』

皇神の厳しき国・言霊の幸はふ国

『万葉集』に、憶良の「好去好来の歌《こうきょこうらいのうた》」という長歌《ちょうか》があります。

……神代より言い伝て《つ》来らく《け》　そらみつ大和の国は　皇神《すめろぎ》の厳《いつく》しき国　言霊《ことだま》の幸《さき》はふ国と語り継ぎ　言ひ継がひけり……

これは、日本を定義したような箇所です。憶良は、「そらみつ大和の国」とはどのような国であるか、その特長を二つ挙げています。それは、「皇神の厳しき国」「言霊の幸はふ国」です。

まず「言霊の幸はふ国」。これは、「国民文学があります」ということです。国民文学がない国はたくさんありますが、日本は王朝とともに古い国民文学がありました。

日本の国民文学とは、「やまとことば」の文学です。後からたくさん膨大な量の漢字、漢文が入ってきましたが、『古事記』は「やまとことば」で書かれています。『日本書紀』の地の文は漢文ですが、膨大な数の地名、神様の名前、短歌、長歌、これは「やまとことば」のままです。全部、漢字を発音記号として用いて書いているのです。その国民文学に、神話にまで遡る記述がずっとあるわけです。神話の部分はシナの文献に比べても膨大なものです。これはやはり自慢できます。

そして山上憶良は歌人ですから、和歌がいかなるものであるかを大変よく知っていたはずです。あれだけ膨大な漢字が入っているのに、和歌には漢語と感じられるものはほとんど入っていません。天神様、菅原道真《すがわらのみちざね》のように、和歌を作るより漢詩を作る方が簡単だというような漢文の達人も、和歌を詠《よ》むときには「やまとことば」しか使いませんでした。

そして「皇神の厳しき国」。これは簡単に言えば、万世一系、つまり神話の時代から王朝が変わっていない、ということです。

なぜ山上憶良はこれを自慢できると思ったのでしょうか。彼は唐の都を見ています。

唐の都はとても巨大で、日本の都とは比べものにならなかったことでしょう。

しかし、と彼は考えたはずです。「待てよ、唐というのは皇帝に名字があり、李唐というのは李淵《りえん》という男がつくった国である。その前の隋は楊《よう》氏で、その前の漢は劉《りゅう》氏で、その前の周は姫《き》氏というように、シナの王朝にはみな名字、姓がある」

シナは易姓《えきせい》革命の国です。姓が入れ替わるということは、ほとんど民族も入れ替わることを意味します。満州史、モンゴル史がご専門の岡田英弘東京外語大名誉教授の説によると、唐の時は、八、九割も人種が入れ替わっているそうです。その後も元《げん》は蒙古《もうこ》族、清は満州族と、とにかく替わるわけです。同じ地域に建てられた王朝でも、全く別物なのです。

それに対して、我が国は、と憶良は考えたんです。「我が国は神代から王朝が変わらない。

易姓革命の姓が天皇家にはない」

変わらないから、姓は必要ないのです。日本では、姓というものは皇室が家来に与えるものであり、天皇家には必要ありませんでした。

おそらくこのようなことを憶良は考えたに違いない、と留学を体験した私は思ったのです。唐に派遣されたことのある憶良が、あの唐という大帝国に対して、「我が国は」と自慢しようと思ったときの最後の踏ん張りどころの徳俵《とくだわら》こそが、「皇神の厳しき国」だったんだと思います。

『日本通』

言霊を駆使した神武天皇

和歌が上手ということは、単なる教養の問題でなく、民族の魂の見地から考慮されるという情況は、古代の尊敬された天皇の性格を幾分か説明してくれるように思われる。まず初代の天皇とされる神武天皇であるが、この天皇の歌は、長短とりまぜて『古事記』の中巻にいくつか見える。なにしろ建国の大帝の歌だから勇ましい軍歌もあるし、軍旅のつらさを歌ったものもある。また伊須気余理比売《いすけよりひめ》を后としたときには、つぎのような愛の歌をも残している。

葦原《あしはら》の　しけしき小屋《をや》に　菅畳《すがたたみ》
いや清敷《さやし》きて　わが二人寝《ね》し

と。外国から帰ってきた日本人が、いちばんほっとすることの一つは、靴をぬいで、青畳の上にひっくり返ることではなかろうか。これと同じセンスを初代の天皇が、今の子供にも通ずるような日本語でのべていることは、大和言葉によって作られた歌が、万人に平等に理解されるのみならず、万世にわたっても通ずることを示してまことにおもしろい。古英語で書いた詩は、英米の文学専攻の大学生でも、学士ぐらいでは歯が立たないのにくらべて、日本の和歌はなんたるわかりやすさであろうか。

神武天皇は初代の天皇とされている人だから、古代の日本人に特別尊敬されていたのは当然である。しかしその尊敬されていた理由の大きな要因の一つに、この天皇は歌がお上手で、『古事記』に残るようなものをいくつか残したことも数えられるべきであろう。もちろんこの時代の歌は、大和言葉のみから成り立っているから、古代日本人には、神武天皇は言霊の偉大なる駆使者として仰ぎ見られたに違いない。神武天皇に限らず、古代の日本においては、歌の上で有名な方を理想像として仰ぐような考え方が存在していた。「言霊」という言葉は『古事記』や『日本書紀』には見当らず、『万葉集』に三回だけ現われてくる語であるが、それに相当する観念は万葉以前にもはっきりと存在していたことは、神武天皇に関する『日本書紀』（第三巻）の記事からも明らかである。

すなわち賊軍の兄磯城《えしき》が要害を擁して神武天皇の進軍をはばんだときに、天皇の夢の中に天の神が現われて、「天神地祇《ちぎ》を祭って、厳呪詛《いつのかじり》をなせ」という忠告をなされたのである。この「厳呪詛」の内容はわからないけれども、「おごそかなるのろいの言葉」であったにちがいない。その甲斐あって天皇は賊を平定することになるのだから、天皇に仕えていた古代日本人から見れば、天皇は言霊を使用できる霊力のあるひとなので、特別尊敬されたものと思われる。

『日本語のこころ』

日本神話と日本の歴史

神代というのは、『日本書紀』でも「巻第一　神代上」「巻第二　神代下」として「神話時代のことだ」とことわっているわけだから、たしかに「歴史時代」ではないのだが、そこには古代の日本の歴史を髣髴《ほうふつ》させる重要な事柄が含まれている。戦前の日本の史学界と現代のそれとを比べて、戦前のほうがすぐれていると思わせられるのは、神話を歴史と関連づけている点にある。大学の歴史の講座をまとめた本でさえ、たとえ短くとも一章を設けているのだから。

この点が重要なのは、日本のその後の歴史に神話が大きく関係してくるからだ。神話こそ歴史の原動力となったと言っても過言ではない。

たとえば、藤原氏と天皇家との関係である。ご存じのように、藤原氏は平安時代に栄《えい》華《が》を極《きわ》め、藤原道長《みちなが》（九六六～一〇二七）のごときは三代の天皇の外祖父《がいそふ》（母方の祖父）にもなった。しかし、それくらいなら、なぜ自分が天皇になってしまわないのかという疑問が生まれるが、その根拠が神話にあるのだ。

藤原家の先祖である天児屋根命《あめのこやねのみこと》は、天照大神《あまてらすおおみかみ》が天岩戸《あまのいわと》にこもってしまったときに、岩戸の前で祝詞《のりと》をあげた神であり、天孫降臨《てんそんこうりん》のときには瓊瓊杵尊《ににぎのみこと》に付き従ってきた神でもある。つまり、神話の時代から藤原氏は天皇に仕える家であると決まっているのである。その意識があるから、藤原氏の権勢がいかに強大になろうと、自分は天皇になろうとしない。自分の娘を天皇の后《きさき》にするのが精いっぱいなのである。

また、武家として最初に日本を治め、守護《しゅご》・地頭《じとう》という日本支配の制度を敷いた源《みなもとの》頼朝《よりとも》も、ほかの国ならば当然、新しい帝王として君臨《くんりん》するはずだが、日本の場合、そうはならない。第五十六代清和《せいわ》天皇（在位八五八〜八七六）から分かれた源氏（清和源氏）の嫡流《ちゃくりゅう》である頼朝には、神話時代から続いている皇室の系図に対し、「自分は天皇家の皇子の子孫であるから本家を侵してはならない」という意識が働くからである。その後の日本の政治の実権を握った足利《あしかが》幕府にも、豊臣秀吉《とよとみひでよし》、徳川家康《とくがわいえやす》にも、その意識は脈々《みゃくみゃく》と引き継がれていくのである。

このように、神話というものがなければ、日本の歴史の背骨にあたる部分は変わっていたはずだ。日本では歴史時代の人々も、神話を意識し、その流れにしたがって行動していた。そのことを忘れてはならない。


『現代までつづく日本人の源流（渡部昇一「日本の歴史」①古代篇）』

「言挙げせぬ国」の伝統

日本人の言霊観を考える上で重要な鍵を提供してくれるのは、『万葉集』巻第十三にある柿本人麻呂作と伝えられる長歌とその反歌である。

葦原《あしはら》の瑞穂《みづほ》の国は
神ながら　言挙《ことあ》げせぬ国
しかはあれど
言挙げぞ我《わ》がする
こと幸《さき》く　まさきくませと
つつみなく　幸《さき》くいまさば
荒磯波《ありそなみ》　ありても見《み》むと
百重波《ももへなみ》　千重波《ちへ》頻《し》きに
言挙げする　我《われ》

（此《この》葦原の瑞穂の国は、神様任《まか》せにして置いて、わざ〲祈ったりなどせないでもよい国だ。

けれども、其《その》わざとの祈りを私はする事だ。私が願ふ通りに神の精霊が働いて、いとしい方が無事でいらつしやる様に、お願ひする事だ。さうして何の災難もなく無事で帰つて来て下さつたなら、荒磯にうつ波ではないが、何時迄もさうして、見て居よう、とまるで、幾重にも幾重にも重つて打ち寄せる波のやうに、しつきりなく口に出してお祈りすることだ。）

（折口信夫『口訳万葉集』による）

ここに現われている思想は、まず第一に、日本の国というのは「言挙《ことあ》げせぬ国」という定義である。これはあまり口に出してわいわい議論したり、お祈りなどしない国だということであろう。日本は何しろ先祖神の国だから、神様はこっちの胸の中はお察しだということなのであろうか。あるいは同族色の濃い国だから、弁舌に頼ることが少ないという意味だろうか。いずれにせよ、日本人が神代以来、多弁を嫌っていたことがわかる。こんにち日本人が国際会議で発言がへただとよくいわれるが、それは単に語学がへたであるというだけでなく、神代以来の「言挙げせぬ国」の伝統がどこかに残っているからかも知れない。

『日本語のこころ』

9　明治維新から敗戦まで

明治維新のエネルギー

明治維新のエネルギーとなったものは何であったのか。

日本史の教科書によると、幕府が三百年来の鎖国を破って開国したことに対する武士層の反発が、当初、攘夷《じょうい》という外人排斥《はいせき》運動を起こすことになった。それが、徳川幕府に再び鎖国をする意志も、実力もないことがわかると、さらに幕府の支配体制そのものの批判を生むようになり、攘夷思想は王政復古（天皇親政）を意図する尊皇《そんのう》思想と結びついていく。そしてその結果、長州、薩摩《さつま》の若手武士を中心とする勢力によって江戸城は開け渡され、大政奉還《たいせいほうかん》（一八六七年）にいたるとされている。

しかし、これはあまりにも日本国内の内圧を重視した見方であり、私は明治維新の真の誘因は、西欧の近代精神という一種の魔物の世界的な拡散という外圧に求めなければならないと思う。すなわち、明治維新とは、西欧の近代化の波が神話以来の国・日本とぶつかったときに、どのような形態が可能であったかということの、一種の成功した反応だと考えている。

『歴史の読み方』

世界史における明治維新の意義

強力な武器を持ち、高度な機械を操《あやつ》る白人の姿を見て、日本人以外のすべての有色人種は無力感を抱いた。ところが日本人は絶望するどころか、卓越《たくえつ》した西洋文明を見て好奇心を抱き、その知識と技術をあっというまに自分たちのものにしてしまった。しかも、西欧列強の植民地化を許さず、国家としての独立を守った。それこそが世界史における明治維新《めいじいしん》の意義である。

『読む年表　日本の歴史（渡部昇一「日本の歴史」特別版）』

『日本外史』の歴史の見方

『日本外史』というのは、全二十二巻の武家の興亡を描いた歴史書だ。この本がなければ明治維新は起こらなかったのではないか、といわれるくらい、当時の尊王思想に大きな影響を与えている。

それは何故なのか。この大著は源氏、平氏の二氏の時代から徳川氏に至るまでが書かれているのだが、徳川の世の中だから、徳川を落としめるようなことは書くわけにはいかない。そこで山陽は、人名に官位を付けて書いた。徳川家康の場合には、例えば「少将殿は」という具合だ。それより官位が上がると「大納言殿」というようになる。こうやって書かれていると、読み進んでいるうちに、この官位はどこから来るんだろう、官位をあたえている者はいったい誰なのだろうと、自然と考えるようになる。天下の大将軍などといっているけれども、その上にいて、彼に位を与えている者がいるはずだ、ということに気付く。

すると、武家というのは本来どういうものなのか、ということがわかってくる。徳川の天下だといばっているけれども、実はその上には天皇がいて、徳川は、天皇および皇室をないがしろにして、勝手に権力を行使しているにすぎない、と。こうして幕末の志士たちの間に、尊王思想が一気に広まっていった。

『悩む人ほど、大きく伸びる』

教育勅語とは

教育勅語を作成するにあたって、井上や元田が最も注意したのは、どこの宗教の宗派から見ても文句の出ようのないものにすることだった。

国家のレベルでこのような倫理基準を作ろうとすると、特にキリスト教国は日本が何か新しい宗教を作るのではないかと疑心暗鬼し、場合によっては宗教干渉してくる恐れがある。だから、これは決して宗教ではないということを明確にする必要があった。

そのため、教育勅語には宗教的なにおいのある言葉は一切使われていない。神も仏も天もない。しかも、誰から見ても文句の付けようのない道徳律だけを並べた。そのことが、最後の方に出てくる。「之を古今に通じて謬《あやま》らず之を中外《ちゅうがい》に施して悖《もと》らず」と。

つまり、世界中、昔も今も東から西まで見渡しても、これに反対する人はいないはずだ、と自信の程を示しているのだ。しかも明治天皇は、この勅語に表記されている倫理基準を、自分も実践するから、皆も一緒にやろう、と呼びかけている。「朕爾臣民《ちんなんじしんみん》と倶《とも》に拳拳服膺《けんけんふくよう》して咸其徳《みなそのとく》を一にせんことを庶幾《こいねが》う」と。

だから、教育勅語というのは、法律でも法的規則でも何でもない。明治天皇が、私もやるから、みんなも一緒にやろうじゃないかと呼びかけた、人間としてあるべき道徳そのものだといえる。勅語と言っても大臣副署もなく、法律ではない。性質から言えば「御製《ぎょせい》」（天皇の私歌）のようなものである

『悩む人ほど、大きく伸びる』

日露戦争の勝因と意義

日露戦争は、指揮官が立派で兵隊が勇敢だったということだけで勝てたのではない。海上では下瀬《しもせ》火薬が、陸上では秋山将軍の機関銃の導入などが、いずれも当時の欧米の

軍事水準を超えていたからこそ、最強の軍隊に勝てたのである。なにしろロシア軍は近世になってから、本当の敗北を知らないという常勝軍だった。ナポレオンにすら勝ち、また北アジア全域を支配して朝鮮にまで進出していたのだ。

そして、日露戦争は単に日本がロシアに勝ったというだけの戦争ではなかった。この戦争の結果は、じつに絶大なる影響を世界中に及ぼしたのである。

それは、有色人種の国家が最強の白人国家を倒した——事実、日露戦争の敗北から十二年後、ロシア王朝は革命によって倒れた。これも日本に負けなかったら、事情は変わっていたであろう——という事実であり、世界史の大きな流れからすれば、コロンブス以来の歴史的大事件であった。

『世界史に躍り出た日本（渡部昇一「日本の歴史」⑤明治篇）』

目と耳

耳は目よりも不正を我慢しやすい。

（プブリリウス・シルス『金言集』三〇四　ラーブ版による）

これは俗に言う「百聞は一見に如《し》かず」に通ずる諺《ことわざ》である。話で聞くよりも、目で見たほうがはるかに強烈である。

たとえば拷問《ごうもん》の話も、耳で聞くより実際に見たら、ずっとおぞましく、それを許せない気持ちになるであろう。こうした簡単なことが日本の近代史に重大な影響を及ぼしたのではないかと考えることがある。

日露戦争以降、日本は満洲（中国東北地方）に合法的な権限を得て、関東州や南満洲鉄道を管理した。当時のシナ本部にくらべて治安もよく、順調な繁栄の道を歩んでいた。このことは、大量の漢民族が移住してきたことによっても簡単に説明できる。住みにくいところに移住者が自発的に押し寄せることはないからである。

ところがロシア革命が起こると、共産主義の浸透が性急な国権恢復《かいふく》運動と結びつき、これが反日運動となる。反日・侮日《ぶにち》は大陸に住んでいた日本人に日常的に向けられる。それを体験した人、その状況を直接見た日本人は当然憤慨《ふんがい》し、我慢ならないと感ずる。しかし、日本国内にいる人はそういう話を聞いて憤慨してもそれほどカッカとしない。

この憤慨の気持ちの温度差が、当時の日本政府と、出先の関東軍（満洲の治安に当たっていた日本陸軍部隊）の間に溝《みぞ》を産んだのであろう。

日本の中央政府は何よりも外国との関係を大切に考える。しかし出先の軍隊としては同胞が絶えず侮辱を受けたり、時には損害を受けたりする状況をだまって見てはおれない気持ちだったのだろう。報告を聞くだけの中央政府との違いである。

明治・大正時代のように、リーダーシップがしっかりしていた時代であったならば適切な調整もできたであろうが、昭和五年頃に統帥権干犯《とうすいけんかんぱん》問題（明治憲法では首相は存在せず、軍は天皇の直属であるから、政府が軍部に干渉するのは天皇の統帥権を侵害するものだという軍部の主張）が出てからは、日本全体にはリーダーシップが消えたと言ってよい状況だった。したがって「目」でシナ人の不法行為を毎日見ていた関東軍は、その報告を「耳」で聞くだけで適切な対処をしようとしない政府の許可を得ずに独走する。こう考えると満洲事変は「目」と「耳」の問題だったということになる。

『ローマ人の知恵』

〝和〟の精神の弊害

日本の存立が危なくなるような太平洋戦争が起こると、平和な時代の〝和〟の人事が、逆に弊害を生み出すようになる。師団長は伝統的に、掃《は》いて捨てるほど人数の多い中将があたることになっていたが、戦争末期になると師団を指揮できる中将がいなくなり、少将が指揮にあたるというようなことが起こる。海軍でも場に応じた作戦を実行できる人となると、あまりいなくなる。

和の時代の人事採用の基準は、学校の成績であって、学校の成績というのは、かならず採点者に答えがわかったものを答える能力にすぎない。ところが、戦争とは、何が起こるかわからない混迷の時期で、答えのわかる採点者がいない。こんな時代には、とてつもない空想力を持った人物の創造性が不可欠である。しかし、答えのわかるものしか解いた経験のない、いわゆる秀才にすぎない人の多かった当時の将軍たちには、何が大切かわからず、途端に困って無能ぶりを発揮する。

また、戦時中でさえ、和を考えるあまり、日本の軍隊が戦う集団であるより部内の和を保つ集団になりさがってしまった。たとえば、戦局がすでにソロモン方面に移り、実際に戦闘をやっているのは海軍の飛行機ばかりという状況にもかかわらず、資材を分ける時に、陸軍も海軍も譲歩せず、フィフティ・フィフティに分配するようなことをやる。しかも政治力において陸軍が海軍に勝《まさ》っているため、飛行機用資材の分け前を、陸軍がよけいに取ってしまうということも起こった。つまりこれは、実力の時代に和の時代の体質を持ちこんだために犯した過《あやま》ちと言える。

結局、戦争は敗けたが、同じ敗けるにしろ、使いものにならない陸軍機をつくって敗けるよりは、ゼロ戦をたくさんつくって敗けるべきだった。

太平洋戦争の敗戦の要因はまだある。いかに危機感がなくて和ばかりを考えていたかは、組閣を見てもわかる。米内《よない》・小磯《こいそ》連立内閣というのは、総理大臣が二人いるようなものだから、じつに苦しい内閣だった。

また、沖縄《おきなわ》戦の時、最高戦争指導者会議を見た高木惣吉《たかぎそうきち》海軍少将が、終戦直後に書き留めたものを読むと、いかに当時の指導者たちが、実力の時代に何をなすべきかを知らなかったかがよくわかる。毎日毎日集まって、戦況報告を受けていた最高戦争指導者会議のおじいさんたちは、春風駘蕩《しゅんぷうたいとう》、あたかもよその国の戦争の報告を聞くようであったという。いま戦争を止《や》めるべきか、続けるべきか、そんな根本問題はだれも全然考えてないし、議論もしない。というのも、そんな問題を持ち出せば大変な議論になるから、みんな和を貴んで避けていたというわけである。

そして、いよいよ日本が滅びるかどうかの瀬戸際に立たされても、だれも決断が下せず、もうこうなったら大家《おおや》のおじいさんにやってもらうしかないといった調子で、天皇陛下にお願いしている。

この例からも、戦争という、日本にとっては異質の〝実力の時代〟にあっては、日本人の体質である〝和〟が、自分自身の足元を掬《すく》う役割りしか果たせないという教訓が学べるのである。

『歴史の読み方』

10　東京裁判史観の克服

敗戦利得者

「戦前の日本は悪かった」と主張して職を得た人たちを、私は「敗戦利得者」と呼ぶ。占領期が終わってもその立場は体制として固まり、教えに忠実な弟子たちがポストを受け継ぐことで――要するに敗戦利権の継承という形で――東京裁判史観を広め、定着させるシステムが形成されたのである。

「文明に対する悪として日本を裁き、日本が戦争をできないようにしてしまえば、世界は平和になる」

これが戦争直後のアメリカが有した対日観の軸であり、東京裁判の基底に流れていたし、占領方針の基本だったと私は理解している。

これを疑う者は占領軍の指示の下でつくられた「日本国憲法」の前文を見よ。そこにはこう書いてある。

「日本国民は…平和を愛する諸国民の公正と信義に信頼して、われらの安全と生存を保持しようと決意した」（傍点渡部）

　これは日本以外の国は立派だが、日本だけが悪い人間の集まりだから、その「生存」まで他国に預けようという主旨のものだ。

　しかし、「戦前の日本＝悪」は事実に基づくものではなく、単なる敵国の戦時プロパガンダであり、それを左翼ジャーナリズムや日教組によって脳の中に注ぎ込まれた人たちの思い込みにすぎない。

『アメリカが畏怖した日本』

東京裁判史観

「東京裁判《とうきょうさいばん》」とは儀式化した復讐劇《ふくしゅうげき》であると言ってもいい。この裁判は戦争の勝者が既存《きそん》の法律によらずに敗者を裁《さば》いた一方的なものであって、その正当性からして疑わしい。だいたい裁判官が戦勝当事国からしか出ていないというのはおかしな話であろう。本来は中立国からだけ出せばいい。それが無理なら戦勝国と同数の裁判官を敗戦国から出して裁くべきである。

そんななかで毅然《きぜん》として日本国の弁護をした清瀬《きよせ》一郎《いちろう》弁護人は、裁判の管轄権《ジュリスデクション》の法的根拠を問題にした。この指摘にウェッブ裁判長は最後まで答えられなかった。さらに清瀬弁護人は、ウェッブ裁判長がニューギュアの戦犯問題で検事役を兼務《けんむ》していたことを指摘し、裁判長としての資格を問うて裁判官忌避《きひ》を行ったが、連合国軍最高司令官マッカーサーの命令で任命されたのだから認められないということになった。法的に自分の地位を守ることすらできず、マッカーサーの命令でのみ動いた裁判だったのである。

アメリカ人の弁護人であるファーネス、ブレークニーらも、「国際法上合法である戦争で人を殺しても罪になるはずがない」「公正を期すために中立国の判事を入れよ」などと東京裁判の問題点を指摘した。ブレークニーは「原爆を投下したものが裁《さば》く側にいる。長崎、広島に投下された原爆の残虐性《ざんぎゃくせい》は誰が裁くのか」という主旨の発言をしている（アメリカ人弁護人の一人は「被告の無罪を確信し、裁判自体が不法であると思うようになった」と公開の場で述べている）。判事の中でただ一人の国際法学者だったインドのパル判事も、日本の無罪を主張した。しかし、こうした弁論の同時通訳はただちに中断され、日本の新聞に載ることもなかった。

要するに、連合国側には真実を明らかにする意図などなく、その目的は日本をおとしめることのみであった。採用された資料のほとんどは連合国側のもので、日本側が提出した通州《つうしゅう》事件の目撃者の口述書や、満洲国《まんしゅうこく》建国の正当性を示すレジナルド・ジョンストンの著書『紫禁城《しきんじょう》の黄昏《たそがれ》』などの資料はにべもなく却下《きゃっか》された。日本側の言い分は「自己弁護」として黙殺《もくさつ》され、「南京《ナンキン》大虐殺」というありもしない事件がでっち上げられた。

だが結局、この裁判のメインテーマだった「侵略戦争の共同謀議《きょうどうぼうぎ》」は証明されなかった。そのような事実はないのだから当然である。しかし、判決では二十五人がA級戦犯とされ、東條英機《とうじょうひでき》など七人が死刑となった。東京裁判は戦争を始めた国家指導者などのA級を裁くものであったが、この判決はシナや東南アジア各地で行われた日本人の戦犯裁判に飛び火し、捕虜虐待《ほりょぎゃくたい》などを命じた戦場の指揮官（B級）、それを実行した兵隊（C級）などが戦犯として処刑された。そのほとんどは誤解に基《もと》づく悲劇であった。

このような悪辣《あくらつ》きわまる裁判が生み出した「東京裁判史観」に蝕《むしば》まれた日本人はいま

も多い。

『読む年表　日本の歴史（渡部昇一「日本の歴史」特別版）』

「東條＝マッカーサー史観」へ

いまや靖国問題は国際問題になっているので、首相は参拝をやめてはいけませんよ。中国は日本が侵略戦争を行なったといいますが、東京裁判以外に日本が侵略戦争をしたと定めたものはありません。その東京裁判の権威は国際法にもなく、ＧＨＱ以外に存在しません。

重要なのは、そのＧＨＱの総司令官マッカーサーが昭和二十六（一九五一）年、アメリカ上院の軍事外交合同委員会という重要な公式の場で「日本が戦争に入った目的は、主として自衛のためであった」と証言したことです。さらに重要なのは、原文の「Their purpose, therefore, in going to war was largely dictated by security.」のなかに「therefore（したがって）」とあることです。

この「したがって」が何を受けているか。その前段の記述は、東條英機の宣誓供述書の趣旨なのです。日本が近代産業を支えるにあたって、石油、マンガンその他の物資はすべて東南アジアにあり、それらを手に入れるために日本は戦わざるをえなかったという事実を、マッカーサー自身が認めている。

日本のマスコミは、このことを戦後まったく報じませんでした。私はいまこそ「東京裁判史観」に代わる「東條＝マッカーサー史観」が広がるべきだと思っています。

『日本人ならこう考える』

なぜ慰霊の場が靖国神社なのか

なぜ慰霊の場が靖国神社でなければいけないのかというと、神道には、宗派がないからです。仏教やキリスト教には宗派の違いがある。

私の父が生まれた村では、村から戦死者が出た場合、村の招魂社（のちの護国神社）で神道形式で祀ったのち、親戚とともに仏式の葬儀を行なっていました。宗派の違いがなく魂を認めるのは、神道以外にありません。日本で神社と仏閣が両立するという世界にも類のない現象が起こったのは、神道が「超宗派」だからです。

自分たちの命令によって亡くなった人を悼み、祀らなければならないと考えたとき、いろいろな宗派の人がいますから、宗派のある宗教では都合が悪い。招魂というかたちを取れば、宗派に関係なく日本人の霊魂を祀れるというごく自然な話です。

どうもいまの人たちには神社というものに対する普通の常識がない。要するに神社に祀るとは日本人であることであり、日本人の魂を慰めるというだけの話なんですよ。

『日本人ならこう考える』

11　世界の中の道義国家・日本

二十世紀を二十一世紀に橋渡しした国

二十世紀を二十一世紀に渡すことに成功したのは日本だという見方が成り立つ。というのは、二十世紀の初年と、二十一世紀の初年を比べてみると明瞭である。二十世紀の初めごろは、人種差別が当然であった。進化論が不当に拡大されて、人類進化の順序は、類人猿、黒人、褐色人、赤色人、黄色人、白人となっていると感じられていた。その差別意識の根源は、近代の数学や自然科学や近代工業は、目の青い白人にしかできないと思われていたからである。そして日本人以外の有色人種もそう思い込んで白人支配を当然と受け入れるようになっていた。

しかし、日本がたちまち欧米の数学、自然科学、近代工業をマスターして、ヨーロッパ先進国もできないような近代的な大戦争をすることができることを世界中は見たのだ。

皮膚の色と進化程度は関係ないことが皆にわかった。それで二十一世紀になった時には「各民族は平等」ということが、国連でも公理になっている。この「公理」は日本人が地球にいなかったら、半永久的に認められることはなかったであろう。

『日本人の底力』

日本人の血族意識

戦後になると、日本人はいろいろな面で〝開かれた民族〟になったが、〝血〟に関しては、依然として神話時代以来の感覚を所有している。

日本では、市民権が属人主義に依《よ》っているので、日本で生まれただけでは日本人になれず、両親、あるいは父親が日本人でなければならない。逆に、アメリカでは、どこの国の人間でもアメリカで生まれれば、その子はアメリカの市民権を得ることができる。この差は、ひじょうに大きい。つまり、日本人にとっては、日本で生まれたという時間とか空間は問題ではなく、血がつながっているかどうかという、共通の先祖意識が問題になる。

先祖意識は日本人にとって盾《たて》の両面で、いい面が出る場合もあるし、悪い面が出る場合もある。しかし、現在の繁栄や治安のよさを考えてみると、先祖意識がじつによく反映されていることに気がつく。たとえば、日本における犯罪件数は世界的にみて、ひじょうに少ない。これなども、日本人の血族意識がおおいに働いているといえるだろう。

『歴史の読み方』

ご先祖様は見ている

佐藤一斎の言葉に「晦《かい》に処《お》る者は能《よ》く顕《けん》を見、顕に拠《よ》る者は晦を見ず」（『言志後録』六四条）というのがあります。直訳すると、「暗いところにいる人からは明るいところにいる人が見えるが、輝かしい場所にいる人には暗いところにいる人が見えない」ということでしょう。日本の神道では、死んだ人は暗いところに行ったようなもので、生きている人間は明るいところにいるようなものだ、という考え方があるそうです。したがって、生きている人から死んだ人は見えないけれども、死んだ人からは全部が見える。それが神道の奥義だという話を聞いたことがありました。そう思うと、生きている人間は自ら慎む気持ちになるというわけです。

『人間力を伸ばす珠玉の言葉』

勇者たち

誰でもその日（寿命）は決められている。生きている時間は誰にとっても短く、取りもどすことのできないものだ。しかし手柄《てがら》を立てて名誉を長くすることこそ勇者の仕事なのだ。（ウェルギリウス『アエネイス』第十巻四六七〜四六九）

右に引用したのはアルキデス（ヘラクリス）が、トルヌスと一騎討《いっきう》ちしようという息子にやさしく語りかけた言葉である。武人の心得《こころえ》を言い聞かせたものであるが、これはどの国でも同じであろう。

日本では、織田信長《おだのぶなが》が平生《へいぜい》から好んで口ずさんでいた小唄は次のようなものだったという。

死なうは一定《いちじょう》
忍び草には何をしよぞ
一定語りおこすのよ

つまり人は死ぬ日が定まっている。しかし、死んだ後に後世の人に偲《しの》んでもらうためには何をすればよいのか。語り伝えられる誉《ほま》れある話を遺すのだ。それが武士のやることではないか。

信長がもう一つこのほかに好んで口にしたのは幸若舞《こうわかまい》の「敦盛《あつもり》」であり、その他の曲を舞うことはなかったと言う。つまり信長の頭の中には二つのことしかなかったらしい。つまり人生は短い。どうせ短いこの一生に、語り継がれることをしてやれ、ということである。

されば永禄《えいろく》三年（一五六〇）五月十八日、今川《いまがわ》の軍勢が鷲津《わしづ》と丸根《まるね》の砦《とりで》に攻撃を始めたという報告を聞くや、「敦盛」の一句、

人間《じんかん》五十年

下天《げてん》のうちをくらぶれば
夢《ゆめ》、幻《まぼろし》の如《ごと》くなり
一度《ひとたび》生を享《う》け
滅《めっ》せぬ者のあるべきか

というところを繰《く》り返して自ら舞い、そして桶狭間《おけはざま》の決戦に向かうのである。このとき信長の日頃の心構えがまっすぐ表に出たのだ。

この伝統は太古からあった。すでに山上憶良《やまのうえのおくら》は、自分が病気になったときに、お見舞いの使いに涙を拭《ぬぐ》って次の歌を唱えた。

士《おのこ》やも　空《むな》しかるべき　萬代《よろずよ》に　語り継《つ》ぐべき　名は立てずして

男子たる者、後世に名の残るような名誉を立てずして、死んでたまるか、という気迫である。「名を残す」というのは今日の売名行為ではない。後世にまで名誉になる行為によって、その結果として名を残すことである。「名を惜しむ」というのも同じことである。

楠木正行《くすのきまさしげ》が、高師直《こうのもろなお》の大軍と四条畷《しじょうなわて》で戦う前に、如意輪寺《にょいりん》の扉板《といた》に鏃《やじり》を以《もっ》て次の歌を書き刻《きざ》んだ。

帰らじと　かねて思へば　梓弓《あずさゆみ》
亡《な》き数に入《い》る　名をぞ留《とど》むる

そして同志百四十三人、敵陣に斬《き》り込んでことごとく戦死した。

この前の戦争では、上にいた人には精神的堕落の極《きわみ》のような人も少なからずいたが、実際に戦った人たちには、楠木正成《まさしげ》・正行のような気持ちの人が多かった。その名をとどめ、その勲功《くんこう》を語り継ぐのが、われわれ生きている日本人の義務であろう。だから詳しく下士官、兵士の名前まで挙《あ》げてある戦史を私は好む。また、そのような戦史や戦記が出てくることを望みたい。

靖国神社はそういう人たちの名前を残すところである。反日的隣国がそれに反対するのも無理はない。先祖の勲功を忘れない国は、侮辱《ぶじょく》したり、ゆすり続けたりすることがむずかしくなるからである。


『ローマ人の知恵』

「道」を求める日本人

ひとつのことを徹底的に追求していくと、追求している対象を突き抜けて、あるいはそのものを超越して、人間の道に至るという発想を日本人は持つようになった。茶道も華道も香道も装道も、みなそうだ。「道」という単なる物理的な「もの」に、人間的な精神性を与え、だからこそ極めつくすものだと考えたのは、世界広しといえども日本だけのことだと思う。

『知的余生の方法』

日本人のもの作り

日本は島国で刺激が少ないこともあり、オリジナリティーに乏しいといわれるが、これはいいものだとわかると、すぐにそれを超えるものを作ってしまう。そうした素晴らしい能力を持っているのである。

鉄砲、時計、仏像鋳造、軍艦、こうもり傘など、数知れないほどの海外からの発明品を徹底的に分解し、研究し、そして改良し、最終的に日本は外国のものを超える素晴らしいもの作りをしているのだ。

これは日本人が昔から持っている特長である。

「真似」から「本物」を作らせたら世界一だ。そして、今度は日本が作った「本物」を外国が「真似」することができないという痛快な「底力」を日本は依然として持っている。

『日本人の底力』

見直したい修身の教え

もう何十年も前の話になるが、小学校の校長先生たちの集まりで講演する機会があった。その後の茶話会で、ある校長先生がこう言われた。

「非行少年が出た場合、その親が教育勅語や修身を教えられた世代の場合は指導に成果が上がりました。しかし親が教育勅語も知らず、修身も教えられていない世代になると手の施しようがありません」と。

確かに戦前は親を殺したり、先生を撲《なぐ》ったりする少年の話を聞いたことがなかった。教育勅語と結びついた義務教育は、確かにモンスター・ペアレントや、したがってモンスター・チルドレンの発生を予防する力があったのである。

今日には今日にふさわしい道徳教育が行われるべきであるが、教育勅語の徳目は時代や場所を越えて普遍・不変の価値があるし、そこに示された徳目を目指して修身に心がけることは、普遍・不変の価値があると思う。

『国民の修身』

歴史の中で磨かれた道徳観

私がイギリスに行ったときのことですが、有名なヘイ・オン・ワイの古本屋に行き、そこで相当多量のほしい本を見つけました。私は、日本に送ってもらうことをお願いして、代金を払おうとしました。すると店の主人が「計算が面倒くさいから後でいいよ」と言うのです。「しかし私はもう日本に帰るのだが」と事情を説明すると、主人は「では日本の住所を書いてくれ」と言い、私は言われるままに住所を書きました。それで帰国して家に帰ってみると、古本はちゃんと届いていました。そして私は日本から代金をイギリスの古本屋に送りました。

きっと、明治時代以降、イギリスで古本を買った日本人は誰《だれ》も支払いをごまかさなかったということが、イギリスの古本屋の世界ではちゃんと伝えられているのでしょう。私は、それまでにイギリスの書店を訪れた多くの日本人が見せた道徳心が、そのような信頼を築きあげたのだということに気付き、先人に感謝しました。

明治時代の初めにイザベラ・バードというイギリスの女性が来日し、日本中を旅行して回った記録が残っています。世界中を旅してきた彼女が日本で非常に驚いたことは、お金やものが何もなくならないということでした。置き忘れたもの、うっかり落としたものがちゃんと届けられる。しかも届けてくれた人にお礼をあげようとすると、「これは当たり前、当然のことだ」と、決して受け取ることがなかったことに感銘を受けています。

日本では、二千年以上の歴史の中で、何か道徳的に良いことであるか、非常時に私たちは何をなすべきかということが育《はぐく》まれてきました。そしてそれらが、家庭や地域社会などで連綿と伝えられてきていたのです。やはり、私たちはそれらを後に継《つ》がせなければいけないと思います。

『13歳からの道徳教科書』

子供たちを家庭に持つ喜びを

人類に与えられた自然の恵みのうち、自分の子供たちほど甘美なものがまたとあろうか。（キケロ『追放より帰国後、ローマ市民の前で行なった演説』一―二）

子供を可愛がるのはローマ人の特徴であり、このことをローマがカルタゴを征服した理由の一つとしてG・K・チェスタトンは挙げている。私もこのキケロの言葉を読んで、萬葉の歌人山上憶良《やまのうえのおくら》の、

銀《しろがね》も金《こがね》も玉《たま》も　何せむに　まされる宝　子にしかめやも

という歌を連想したくらいである。

哲人でもこのように子供を愛するということがローマを偉大にした原因であるとすると、女たちが子供を作りたがらなくなった時にローマが滅亡したということも分かるような気がする。

一九一一年にノーベル医学・生理学賞を授与されたアレキシス・カレルは「女が子どもを産みたがらなくなるという傾向――これが歴史上、何を意味するかをわれわれは知っている」とその名著『人間――この未知なるもの』（渡部訳・三笠書房）の中で述べている。

子供たちを家庭に持つ喜びを、男も女も至上のことと考える気風が国中に漲《みなぎ》るようにしたいものである。女性の閣僚などどんどん増やして十人にしても、子供がいない国になったら日本は「消える」のだ。

『ローマ人の知恵』

12 進取の気性と独創力

新しいものを恐れない体質

おそらく日本人は昔から、今の世界の人たちが「宇宙船地球号」と感ずるがごとく、この島を感じていたのではないか。この島の中で、宗教を振りかざして殺し合う不幸を知っていたがゆえに、お互いに手を打つという共存の道（〝和〞の価値観）を採ったのだと思う。もちろんそれも、共存の道を採ろう、などという計画的な気持ちからというよりは、むしろ狭い所に住む民族の知恵がなさしめたと言うべきかもしれない。

しかし、ひとたび宗教の共存が可能であることがわかれば、その後もその線で処理されるという日本人の宗教に対する体質が出来上がったことになる。そしてこれは、世界史的に見ても、もっとも進んだ国民の体質の一つだと思うのである。

このことは、近代の日本がスムーズに西洋文明を受け入れた一つの理由であり、日本の中では何だって共存できるのだという〝度胸〟が、その体質として日本人の中で出来上がっていた証明でもある。
　それは、日本よりもはるかに早くから西洋と接触していたインドやシナで、いかに近代化がスムーズに運ばなかったかを見ればよくわかる。日本には新しいものを恐れない体質が、すでに仏教渡来時代に形成されたと考えるべきなのである。

『歴史の読み方』

日本人の創造性

　日本は地理的に見て、かなり変わった条件に置かれた国で、隣りに同じ言葉を話す民族がいないわけだから、日本人だけで独創的に創《つく》り出したものというのは、神社とか日本語とかを除けばそう多くない。それに対し、西洋諸国では、民族が隣り合って住んでおり、交流の盛んな大きな社会だから、発明したり創造したりしたものの絶対量からいえば、日本よりずっと多い。

ところが、日本人の場合は、特異な体質を持っているため、外国から入ってきたもの、それがたとえどんなに高級なものであっても、自分たちの体質に合わせるということを、徹底的にやってきた。すなわち、外国の思想なり文化なりに自分たちの体質を合わせるより、それらを自分たちの体質に合わせて採《と》り入れてきた。この点が誤解され、日本人は模倣しかやらないといった印象を持つ人もいるわけだが、それは完璧な独創とまでは言えなくても、ひじょうに重要な独創といえるものであり、これを模倣などと単純に決めつけられてしまうのは、まるで見当はずれというべきである。

たとえば、飛鳥《あすか》時代の昔、大陸の高級文化に触れたとき、この文化を根こそぎ日本に採り入れてやろうといって遣隋使《けんずいし》、遣唐使《けんとうし》を送るという聖徳太子の発想法がそうである。大陸に生じたものを全部自分で創るということではないのだから、この点では完璧な独創とは言えないかもしれない。しかし、そういう発想法を持つということは、ほかのどの民族にも見られないわけで、これは日本人のきわめて特徴的な独創といえるのである。

さらに漢字を採り入れたときはどうであったか。漢字というものは漢語に合った表現法なのだから、まったく語族の違う日本語には、そっくりそのまま当てはまるというわけにはいかない。そこで、すべての漢字について訓《くん》読みをやる。音《おん》、訓《くん》両方を読むということをやる。朝鮮語と日本語は文の書き方からいえばよく似ているが、朝鮮では、漢字の読みは音《おん》だけで訓は発明していない。しかし、日本は訓まで創《つく》ってしまう。

この辺が一種の独創であり、これが日本の伝統となり、長い間積み重なっていくと、日本だけにしかないものがじつにたくさん創られるようになる。それを日本の創造と呼ぶなら、その数だけでも世界でもっとも多い国の一つということになる。

『歴史の読み方』

日本人の好奇心

黒船が来たとき、ペリーの一行が何に驚いたかというと、日本人の好奇心だった。黒船に乗せると、乗ったときから帰るときまで、日本人は船内の模写ばかりしていたという。それは、ある意味では聖徳太子根性であって、「外国から来たものは、みんな日本人の手で創れるのだ。別にたいしたものがあるわけではない」ということに、少しの疑念も持たなかった。これは、今から見れば当たりまえのようだが、けっしてそうではなく、当時、そんなことをやった国はほかになかった。

日本人が異質の文化の長所をただちに見抜く、こういった力を持ちえたのは、まさに聖徳太子以来の伝統の力といえる。


『歴史の読み方』

日本文化のタテ糸とヨコ糸

織物にたとえれば、タテ糸ともいうべき日本の体質が、ひじょうにしっかりしているという意識が私たちの心の奥底にはあるため、シナ大陸の文化でも近代西洋文明でも、織物のヨコ糸として、安心して採り入れることができたといえるのである。

タテ糸がしっかりしており、切れる心配がないという実感がなければ、もの珍しさだけで簡単に飛びつくこともないし、飛びつく前に慎重にならざるをえない。

しかし、六世紀の初め、下手《へた》をすれば日本のタテ糸に取って代わる恐れのあった仏教などというものまで、ちゃんと自分のヨコ糸として織り込んでしまった経験を持つ以上、その後、日本にやってきたものは、儒教にしろ、道教にしろ、近代文明にしろ、デモクラシーにしろ、アメリカニズムにしろ、ヨーロッパ文化にしろ、何でもかんでもヨコ糸にしてしまう伝統が、わが国には根づいてしまったのである。

たしかに、日本文化がタテ糸だけなら、純粋ではあったかもしれないが、純粋すぎてその適応能力を失っていたかもしれない。しかし、そのタテ糸の中に、数えきれないほど多くのヨコ糸を織り込んだ日本文化というものは、世界に二つとない珍しい絢爛《けんらん》たる織物となったといえる。そしてこれこそ、まさに日本の創造だ、と私は考えているのである。

『歴史の読み方』

第二部

人生の妙味

13　どう生きるか

志を立てる

私たちにとって、一番大きな「生きがい」は何だろうか。人によってさまざまであろうが、ただ食うために働き生きていくのではなく、自分が本当にやりたいことをやり、真に人間らしい一生を送ることであろう。

その意味で、一番大切なのは、まず〝志を立てる〟ということだ。

自分は何がしたいのか。自分は何になりたいのか。何をもって自己実現し、社会に尽くしたいのか。まず、それを見極めることである。

『すごく「頭のいい人」の生活術』

自分のなりたい姿

これからの社会は、「自分で自分の志を立てるよりほかに仕方がないんだ」と悟った人は、時々静かな時間を持って、自分の本音に耳を傾ける習慣をつけたらいい。

これはわざわざ何時間も取る必要はなくて、出勤や散歩の途中でもかまわない。そのうちにかすかなつぶやきが聞こえるだろう。最初はその声音は低くても、しだいにはっきりと聞こえてくるはずだ。

そして、その声がますますはっきりしてきたら、それを具体的に頭の中にイメージしてみる。そうすると、自分のなりたい姿、あるいはやりたいことを成し遂げつつある自分がはっきりと見える瞬間が来る。

その時、背筋のあたりがゾクゾクするかもしれない。それは自分にひそんでいる潜在能力がうずいているのだ。それは神様からのメッセージであると言ってもよい。「お前の本当にやりたいことはこれだよ」というご託宣《たくせん》に違いない。この神様のメッセージは、ふだんなら見えないチャンスを我々に教えてくれる。

『すごく「頭のいい人」の生活術』

内なる声と志

内なる声につき動かされて一つの志を達成すると、また次の知的刺激に心が奪われる。一つのことに満足できず、次から次にやりたいことを見つけ、苦労をいとわずそれを達成していって、どんどん大きくなっていく人もいる。そうやって大きな自分をつくっていくことが、人生の目的と言えるのではないだろうか。

佐藤一斎はこう言っている。

一燈を提《さ》げて暗夜を行く。
暗夜を憂《うれ》うること勿《なか》れ。
ただ一燈を頼め。

この場合の一燈は、志に置き換えられる。志を消さないで持ち続ければ、どんな窮地に陥っても意気消沈することはないということである。

『すごく「頭のいい人」の生活術』

最初は不器用でちょうどいい

何事につけ、多少疑問な点があっても、そこを曖昧にし、こういうことだろうと自分で納得してしまうほうが、楽で気持ちのいいものだ。このほうが、悩みは少ない。しかし残念なことに、納得した途端に、物事は終ってしまう。先へは進まず、伸びて行かないのだ。本当の天才は別として、中途半端に出来るよりも、かえって、最初は下手なほうが、後に伸びていくもののようだ。このことは、書道や音楽などの先生たちの一致した意見だ。芸術的な分野においては、最初からすらすらできるのは、ある意味では〝危険な兆候〟である、と反省するくらいの気持ちがなければならないという。将来伸びていく人の大部分は、最初は不器用なものなのだ。

『悩む人ほど、大きく伸びる』

悩みは大事

実は、質問するということは、かなり難しいことだ。そもそも自分が勉強していないと出来ない。勉強して初めて、どこが引っかかるのかがわかる。引っかかって、わからなくなるから悩みが生じる。わかった気でいる人には、この悩みは生じない。勉強して悩みが生じるから、質問が出来る。勉強すればするほど、悩みや疑問は生じるものなのだ。ニュートンがその典型的な例だろう。誰も疑問に思わなかったことにニュートンはなぜ気が付いたのか。リンゴが木から落ちることに疑問を持ち、悩む人などまずいない。これは作り話だとしても、しかしニュートンは、学問を深く追求していたが故に、何でもないことに対しても疑問を呈したということには通ずる。彼の頭の中には、常に疑問の対象、悩みの対象があったのだ。悩みがなければ、何も突き抜けることができない。悩みこそが破壊力として作用するといえるだろう。

『悩む人ほど、大きく伸びる』

強い生き方

気構えがしっかり出来ている人は、目の前にストレスが現れた時、これに敏感に反応する。例えば、何かの本を読んだとする。本を読むという行為は、一つのストレスなのだ。この時、同じ本を読んでも、何の役にも立たない人もいれば、ここから何らかを学びとる人もいる。その違いが気構えだ。一生懸命、何かをつかもうと思って読む人は、ちょっとしたことでも、「いいことを言っている」と感銘し、この積み重ねによって、どんどん伸びていく。難しい本ばかり読んでいればいいというものではない。どんな本でも、自分にピピッと何かが感じられれば、それが成長につながっていくのだ。成長する人は、成長するのに都合のいい部分を敏感に感じとり、そのことを教訓として吸い取っていく。何でもないことでも、それを教訓として受け取る人は、強い生き方ができる。

『悩む人ほど、大きく伸びる』

自分の本当にやりたいことは何か

チャールズ・ダーウィンは、「人間にとって重要なのは、頭のよさよりも心の態度である」と言ったという。つまり、価値ある人生を送るために本当に必要なのは、学問の世界でいう頭のよさではなく、真剣にものを考え一意専心する態度であると言いたかったのだろう。

そのダーウィンであるが、小さい時は勉強ができなくて、才気煥発《さいきかんぱつ》で賢い妹のほうが息子だったらよかったのに、と親から言われて育ったという。

しかし、ダーウィンは自分が興味を持ったことは納得するまで追求するというねばり強さを持っていた。そして、最終的には、あの生物の進化思想と自然淘汰《とうた》説を明らかにした『種の起源』という、たいへんな学問的成果を残したのである。これは、それまでの人間の価値観を覆すほどの偉大な業績であった。

この話を、私は旧制中学時代に恩師の佐藤順太先生からうかがったのだが、その後の人生を考えていく時にたいへん参考になったことは言うまでもない。

なるほど、いわゆる「カミソリのような頭」ではなくても、深い興味と探求心、自分の人生で一番大事なことを見極める力さえあれば、歴史的な業績をおさめることも不可能ではない――そんな希望を私に与えてくれたのである。

この話に深い感銘を受けたこともあって、私は学生時代をとおして、先生方や書物の中から、なるべく多くの教訓を得ようと心がけた。

それは、言葉を換えれば自分の本当にやりたいことは何か、どんな人生を送りたいのかということを、真剣に考えていた、とも言えるだろう。

そして、自分の好きなことをして身を立てていくのが夢であり、究極の幸せであり、そのためにこそ自分は生きているのだ、という確信を抱くようになった。

その私の「好きなこと」とは、本に囲まれ、それを読んで過ごすような生活、または本を執筆するような生活、つまり「知的生活を送る」ということであった。

これはまた、ただ食べるためだけの生活でなく、もっと人間らしく生きるということでもあった。

幸いにして、私は大学を修了すると大学院へ進み、ドイツ・イギリスの留学を経て、母校で教鞭《きょうべん》を執ることができた。その道は、おおむね愉快であり、自分の立てた志のとおりの人生を送っているという充実感もあって、幸せな日々であった。好きなことをしている時、人は苦労を苦労と思わないからである。

『すごく「頭のいい人」の生活術』

男気

男気というのは、困っている人がいるときや、いざというときに「よっしゃ」とすべてを引き受けることだ。だが、この「よっしゃ」の引き受け方によってはエコ贔屓と見られないこともない。特定の人だけに義理立てしたり、その人のためだけに責任をかぶるのは確かにエコ贔屓かもしれない。いやエコ贔屓なのだ。しかし実は徹底的にエコ贔屓するのが、「男気」なのである。黙っていられなくなって「よっしゃ」と出る。そういった男気のある人がいないと、世の中つまらないと思うのだ。

『自分の品格』

噂話

ある人に、あるいはその家族に悪いことがあった時、その噂《うわさ》の広まり方の早さが驚くべきものであることは、たいていの人は知っていることであろう。これに反して、よいことのほうの噂はなかなか広まってくれない。理由は簡単だ。噂話というのは、他人の不幸などについて、熱心に情報を交換することだからである。

『ローマ人の知恵』

マスコミ報道

マスコミの報道を鵜呑《うの》みにしてはいけない。彼らは、ある意味では嘘つきだと考えていればいいと思う。

嘘つきの大ボラにつき合っていては、世の中が正しく見えなくなる。目が曇っていては、見えるものも見えない。そしてその結果、変な価値観で自分をしばるようになる。

テレビや大新聞はそれ程怖いものであることは知っておくべきだろう。

彼らがあれこれ分別面して言うことや、何々予測というものは、カッコにくくってお
けばいい。カッコにくくって、それが自分の考えの中に入らないようにしておく。参考
にはするかもしれないけど、それに左右されはしないという態度でいるべきなのだ。

『悩む人ほど、大きく伸びる』

墓参り

よく先祖の墓参りをする家の子供は、だいたいよく育っている。年に一度でも二度でも、おじいさんやおばあさんの墓の前で手を合わせる。そういう場に連れて行ってもらっている子供は、そこに生命の流れを見るのだ。親父は祖父に手を合わせた。自分も親父が死んだら親父の墓に手を合わせるか、というような流れがイメージとしてでき上がってくる。そういうよいイメージをつくれるかどうかが大切なのである。

悪いイメージを持っていると、悪いほうに人は行き、よいイメージを持っていると、

よいほうに人は動くということだ。

『自分の品格』

良きものとしての個人の富と自由

旅行や旅は、英語ではトラベル（travel）だが、これはトラブル（trouble）、と語源が同じだ。フランス語ではトラヴァユ（travail）で、「お産」という意味の言葉とも同じ語源だ。つまり、旅行というのは、もともとは、死ぬ程の苦労をするものだった。

それが、オリエント・エクスプレスができたり、大陸横断鉄道ができたり、日本では新幹線ができたりと、旅行も日増しに楽になり、どんどん遊びの要素も加わって、とうとう今や豪華客船でのクルージングまで、われわれ庶民の手の届くものとなっている。

それもこれも、もともとは金持ちたちの考え出した遊びに、われわれが追いついてきたからだ。個人の富と自由というのは、やはり良きものを与えてくれるということだ。それを悪しき物だと考えた途端に、自由な遊びもなくなり、国そのものもとんでもないことになってしまう。

『知的余生の方法』

お金はいい召し使い

お金というのは曲者《くせもの》で、いつもいつも自分の思い通りになるというわけではない。お金の虜《とりこ》になることが、往々にしてある。お金は元来は良きものなのだが、悪しきものにもなりやすい。気をつけないと、いつの間にかバッド・マスターになっている、というのはよくあることなのだ。

では、そうならないためにはどうすればいいのか。非常に単純なことで、常に使ってやるようにすればいい。しかも賢明なやり方で。賢明に使えば使う程、お金はいい召し使いになる。そして面白いことに、お金や財産を良い物だと思っている人のところには、自然とお金が集まるようにできているものらしい。

『知的余生の方法』

自己実現には苦痛がともなう

生きがいを追求していくと、その途中でいろいろなものを捨ててゆかねばならない。西行が自己を追求するには、罪もない家族を捨てなければならなかった。その場合、自分の周囲にあって、よく親しんだもの、よきもの、なつかしきもの、満足を与えてくれたものなども捨てなければならないということもよく起こる。

彫刻するときには、大理石の多くをけずって捨てなければ求める像が出てこない。人生における自己実現も同じことで、真の自分を実現するためには、多くの自分を捨てなければならない。それはすべて苦痛をともなうはずである。

『「自分の世界」をしっかり持ちなさい！』

発想の豊かさをもたらすもの

離島や、その他の社会通念的に恵まれない環境で育つことも、見方を変えると、かけがえのない貴重な発想の泉になる。転勤の多い父を持った子供や、海外からの帰国子女たちは、入試などでは損する立場になるかもしれないが、発想の泉という点から見るならば、実に恵まれた人ということになる。

ただしそれは、自分の体験の一つ一つを、宝玉のごとく大切にし、想起し続けるという心がまえが必要である。そうすれば、辛かったり、ひどい目にあったりしたことのほうが、かえって発想の豊かさに連なることを発見するであろう。

不幸な、あるいは恵まれない体験ほど、恵まれた体験であるという逆説《パラドックス》も成り立つ。

『発想法』

記憶こそ人生

「人生とは何ぞや」と言えば定義の仕方はいろいろあろう。しかし振り返ってみればそれはただ記憶があるのみである。自分の子供や妻と、その他の人間がどこが違うかと言えば、現時点ではともあれ、記憶の中で、長い間の懐かしい憶い出を共有している点である。記憶内容こそ人生である。楽しい記憶の最も長い共有者こそ夫であり妻である。

『ローマ人の知恵』

気概

孟子は、

「自ら省みて縮《なお》くんば（正しければ）、千万人といえどもわれ往《い》かん」

と説いています。

そこまで崇高でなくても、日々の一挙手一投足にも、やはり私たちは自分なりの気概を貫いて生きていきたいものです。

気概とは、その人の生き方の証であり、その人の哲学の反映でもあるでしょう。それは自分のアイデンティティーの裏返しでもあるのです。

よく、人は自分の顔に責任を持てと言われますが、それはとりもなおさず気概がそこはかとなく表面にしみ出てくることを言っているのです。

こう考えますと、人生とは、自己実現を一つ一つ図りながら、自分の内なるものを高め、気概を作り上げていく過程と言えるのではないでしょうか。言い換えれば、精神を創造していく道程なのです。そして、時折、自分を省みて、気概がどの程度まで向上してきたかを確認し、さらに高めていくことが必要なのではないでしょうか。

その時に、自分の人生という背骨を、熱すれば溶けてしまうようなロウや、押されればボキッと折れてしまうプラスチック、ましてや、どこかから借りてきた骨で形づくるのではなく、まさしく内面から熟成されて結晶した気骨で作り上げていくことが、深みのある人生を築き上げるのでしょう。

もちろん、気概には孟子の先述の言葉のような勇ましく力強い気概もあれば、柳のようにしなやかで決して折れない気概もあるでしょう。それは人さまざまだと思います。

しかし、人間の価値、人生の価値というものは、気概においてそれが推し量られるという真理を、私たちは深く考えなければならないと思います。それは時代を超えても永遠に真理であると言えるのではないでしょうか。

『わたしの人生観・歴史観』

14　運命の女神が微笑む生き方

成功者の要素

いいことを考え、よいことが起こると期待している心には、よいことを引きつける一種の磁場《マグネティック・フィールド》が働きます。よいことを期待している気分でいると、潜在意識は必ずよいことに連《つら》なるチャンスだけをつかまえるようにあなたを導いてくれるのです。

豊臣秀吉やロックフェラーのような大成功者から、私たちの周囲によくある中成功者、小成功者にいたるまで、そういう人たちは、必ず人生の明るい面により敏感だという要素があります。

『マーフィー100の成功法則』

心の中の達成像

あなたが名前を知っているような実業家、あるいはそれほど有名でない人でも、繁栄している事業をやっている人は、その事業が繁栄しているところを頭の中に描きつづけて、それが実現している光景を潜在意識に前から送り込んでいた人たちです。そして、完成した仕事の絵に引きつけられるように、その方に向かって進んで行った人たちです。

どの分野でも一かどの仕事をしている人は、その活動をあらかじめ自分の心の中で見た人であることを忘れないでください。

『マーフィー100の成功法則』

成功のイメージの描き方

こういう話がある。幅一メートルの板の上を五十メートル歩けるか、というのだ。地面の上なら、どうということはない。平気で歩ける。平地ではなく、地上五十センチではどうか。これも平気で歩けると思う。しかし、地上百メートルで歩けといわれたらどうか。たぶん、ほとんどの人が尻込みしてしまうだろう。怖くて歩けないと思う。

同じ条件なのに、どうしてこうなってしまうのか。歩けるというイメージを描けるかどうかの差だと思う。地面の上や地上五十センチぐらいだと平気で歩けるのだから、本来なら歩ける。このイメージを地上百メートルでも持てるかどうか。その差だけなのだ。

私は、自信というのは、成功のイメージだと考えているが、それは、この板の上を歩くのと同じようなものだと思う。成功のイメージが生き生きと描ける人は、何メートル地上だろうが、怖さはないだろう。自信の強い人とはこういう人のことをいう。逆に、自信のない人は、成功のイメージが描けないから、怖くなってしまう。


『悩む人ほど、大きく伸びる』

真に富める人

「持っている人にはなお与えられ、持っていない人からは、持っているものまで取り上げられるであろう」（ルカ伝十九章二十六節）。これは「富める者はますます富み、貧しき者はますます貧しくなる」という意味ですが、聖書の言葉とは思えぬほど残酷なひびきがあります。しかし真理です。

真に富める人というのは、思考することの持っている創造力について知っており、豊富と繁栄の思想を、たえず強く潜在意識に刻印しつづける人です。

『マーフィー100の成功法則』

人生でいちばん大事なこと

人生でいちばん大事なことは何か、一つあげよと問われたら、私は躊躇《ちゅうちょ》なく「できない（やらない）理由を探すことなく、志を保ち、自分で自分を尊敬できる人間になれ」、と言いたい。

『自分の品格』

品格のある人の特長

真に「品格のある人」の特長は何か——私はまず「簡単に物事を諦《あきら》めないこと」を挙げたい。

私たちは何らかの壁にぶつかると、それが自分の手に負えそうもないとき、たちまち無条件降伏し、やりたいことを「諦める理由」を探し始めるものである。「諦める理由」を探すのに賭ける情熱を、やりたいことに注《そそ》げばどんなに人生は好転していくかと私は考えるのであるが、とかく人は「できない理由」をつけて挑戦することをやめるのである。べつにこの程度でいいやと変に納得してしまう。あとは何とも煮え切らない人生が待っているだけであるというのに。

どんな仕事、職業であれ、一流の域に達した「品格ある人」に共通しているのは、少々困難であっても、簡単には投げ出さないことである。

『自分の品格』

人生の醍醐味

物事を簡単に諦めるという傾向は最近の人に見られがちである。これはその人がこれまでに一つの事に真剣に取り組んだことがあまりないために、自分にできることとできないことがわからず、必要以上に臆病になっているにすぎないのではないか。「できない理由」など探し始めたらきりがない。そこをグッと押さえて、やるための意義を見つけていくことが人生の醍醐味《だいごみ》なのである。

品格は形に現われる。「四十過ぎたら自分の顔に責任を持て」とは、リンカーンの言葉だが、まさにこのこと。諦めず、いかなる心構えで毎日を過ごすか。そして自分のやりたいことを突き詰め、それを「一芸に秀でる」レベルまで押し上げると、具体的に「品格ある」顔立ちになっていく。

『自分の品格』

プライド

品格がある人、品性の高い人というのは、周囲の人たちに比べて、「卑しいことはやらない」という高いプライドを持っている人のことだ。あるいは、辱《はずかし》めを受けないということを、肝《きも》に銘じている人のことだろう。そしてこのプライドを持ってこそ、人は自分の限界を破っていけるのである。

『自分の品格』

運命の〝女神〟

面白いのは、運や運命の神が、男の神様ではなく、女神だということだ。日本でも「女心と秋の空」というように、女性の気持ちは変わりやすい。今、機嫌良く話していたなと思っていると、何が気に入らないのか突然不機嫌につっかかってきたりする。恋愛にしてもそうだろう。好きになったり、嫌いになったりと、とにかく出入りが激しい。

男みたいに単純にはいかない。彼女らの気まぐれとも思えるこの変化に、男は翻弄される。そこがまた女性の可愛らしいところだと考える人もいるだろうが、腹立たしく思える男もいるだろう。

とにかく、女は変わりやすいのだ。この「変わりやすい」ところが、さいころやくじを連想させたのだろう。運命の神様は女神となった。偉くなったと思ったら、何かの拍子にストンと落とされて、栄光を全部剥ぎ取られてしまったりする。運や運命というのは、まるで定まらない女心のようだ、ということなのだろう。

『悩む人ほど、大きく伸びる』

強きものを運命の女神は助ける

運がいいか、運が悪いかというのは、割とシンプルなことのように思える。要するに、運が悪いといって嘆いているような人には、運は向いてこない。逆に、人生を積極的に生きている人にこそ、運命の女神は微笑む。成功した松下幸之助は、まさしく「強きものを運命の女神は助ける」の典型の一人だったということだ。

そして、この語源となった「さいころ博打をする人をさいころの女神は助ける」というのは、実は、何事かを積極的にやる人にこそ運はついてくる、という意味でもあったことがわかってくる。なぜなら、何もやらないような人間を、運命の女神は助けようがないからだ。

「さいころ」の部分をあなたが今やりたいことに置き換えてみるだけでいい。運が悪いと悩む前に、そうシンプルに割り切ってみることだ。そうすれば、いつの間にか運命の女神が助けてくれる。いや、運命の女神も助けようがわかってくるということだ。


『悩む人ほど、大きく伸びる』

目標を実現できる人、できない人

会社について考えてみる。部長を目指す人も、その上を目指す人も、レベルの違いはあれ、ある意味では努力の量は同じだということだ。同じように社内人事で悩んだり、同じようにトラブルに巻き込まれて四苦八苦しなければならない場面も出てくる。どうして同じような努力をして、最終的には差が出てくるのかというと、ほとんどの人が、社長になる確率はほとんどないと途中で諦めてしまうからなのである。最後まで高い目標を掲げ、社長になれると信じて疑わなかった人が社長になっているらしいのだ。

目標を実現できる人とそうでない人がいるのは結局、目標を見失わずに持ち続け、人生の紆余曲折の中で諦めずに進めたか、それを投げてしまったかの差にすぎない。目標を達成できるかどうかは、目標を高いところに持って、努力を持続できるかどうかの問題なのだ。

『自分の品格』

思いがけない幸運を招くもの

偶然は、他から与えられるものではない。自分から作り出すものなのだ。そして自分からつかんだ偶然は、幸運をもたらす可能性が大きい。私は自分の体験から、実感を持ってそう思う。他人に知られずにコツコツと長くやり続けたことは、思いがけない時に、思いがけない幸運を招いてくれることがあるというのが、八十歳になった私が、青年の時のドイツ語以来、何度か体験したことである。

『悩む人ほど、大きく伸びる』

三福のすすめ

露伴は『努力論』で、責任は自分にあるという態度で努力するといい運が寄ってくる可能性が高い、と言っているわけですが、いい運が来たときにどのような態度をとるべきかということで、「惜福」「分福」「植福」の三つの考え方を示しています。

「惜福」とは、いいことがあったときに、その福を使い尽くさないで一部を惜しんで、あとのために残しておくことです。お金のない人が宝くじに当たったが、有頂天になってしまって身の破滅を招くというのは、惜福とは逆のことです。露伴は惜福の例として、徳川家康を挙げます。家康はいい運が来ても、有頂天になることはなかったというのです。

「分福」とは、いいことがあったら自分だけで独り占めしないで周りの人に分け与えよ、ということです。その例として挙げられるのが豊臣秀吉です。秀吉は周りの者たちに分け与えることを怠らなかったから、天下が取れたというわけです。

「植福」とは、自分のところにいいことが来るとは限らないけれど、とにかくよいことをふだんからやっていこうということです。たとえば、木を植えても、自分が生きている間はその木は自分のためにならない。しかし、孫の代には木材として売れるかもしれないし、おいしい木の実をつけるかもしれない。福はなくならない。これが植福なのです。

露伴は、これをやったら必ず幸せになると言っているわけではありません。しかし、今を生きる私たちは、自分のやることに責任を持ち、惜福、分福、植福を地道に積み重ねていくことが大切といえるのではないでしょうか。

『読書こそが人生をひらく』

幸運を招く紐

露伴は『努力論』の中で、人間が自分に運が来るように引っ張るとき、二種類の紐《ひも》があると言います。一つの紐は、絹の柔らかい、いい紐です。引っ張っていると気持ちがいい。しかし、そういうのを引っ張っていると、だいたいろくでもない運が引っ張られてくるということです。もう一つの紐は、力を入れて引くと手に傷が付くような針金の紐です。しかし、苦労して引っ張っていると、いい運が出てくると言うのです。

したがって、このたとえで言うように、運というのは、失敗を他人のせいにするような、自分に都合のいい解釈をしているようでは来ないということです。

いいことが起こったとき、「自分が偉いからいい運が来た」と言えば気分がいいわけですが、そうはしないで、素直に「運がよかったのだ」と思うということです。

反対に、何かまずいことがあったら、決して「運が悪かった」とは言わない。「これは思慮が足りなかったからだ。どうしたら避け得たであろうか」と深刻に考えなければならないが、それを繰り返していると、いつのまにか運が来るようになるというのです。

『人間力を伸ばす珠玉の言葉』

15 知的生活のすすめ

朽ちないもの

時間というすべてを食いつくすものに耐え、朽ちないものは書いたものであり、何かを書き残せるというのは動物と人間の一番の差です。

『人生は論語に窮まる』

知的正直

敗戦はまことに口惜しかったが、同時に本当の恩師と呼ぶべき人にめぐり会わせてくれた。佐藤順太先生である。戦時中は隠棲しておられたのが、戦後、英語教師の需要が増えたため、老躯を厭わずに再び教壇に立たれたのだった。私は一回目の授業から先生に魅了されてしまった。何やら無意識にずっと求めてきた師にめぐり会ったという直感がした。

まだ「知的生活」という言葉は知らなかったが、順太先生はまさしくそれを実践しておられ、「順太先生のごとく」というのが私の念願になったのである。英文科に進むことに決めたのも、この憧れゆえだった。

順太先生の何に惹かれたのか…ひとことで言えば「分かったふり」は決してなさらない、「己に忠実」な方であられたところである。これを倫理道徳的な面よりも個人の進歩と向上の立場から解釈すれば、「知的正直」ということになろう。

『わが書物愛的傳記』

いつわらない

ほんとうにはおもしろいと思わないものを、おもしろいなどというふりをしてはいけないのだ。他人に対しても自分に対しても。特に自己をいつわってはならない。自己の実感をいつわることは、向上の放棄にほかならないのだから。

『知的生活の方法』

漢文は成熟した大人をつくる

マイナス体験を受けとめて人間的に成長するには漢文が役に立ちます。私は子供のときから漢文に親しみ、そこから学ぶことも多くありました。以前、漢文学の大家・白川《しらかわ》静《しずか》先生（一九一〇〜二〇〇六年）が九十二歳のときに対談させていただいて本にまとめたことがあります。そのとき白川先生は「漢文を読むことは大人をつくるのだ」とおっしゃっていました。確かに漢文を読むと、大人の考え方に直接触れることになり、自分の考え方も大人になっていくのを感じたものでした。

考えてみたら、今も残されている漢文が書かれた時代は、だいたい三国志以前の春秋戦国の時代が中心になります。国が乱れ、争いが絶えなかった時代に、人は知恵を出し合い、生き抜いてきたわけです。だから、その中には必ず教訓があります。そういう漢文を子供のときから読むと、大人に成長する上で役に立つわけです。

たとえば、戦争中の青年たちの手紙が編集されて出版されています。その青年たちの考え方がいかにも成熟していて、高貴であることに驚かされます。死を前にして、昔の偉人や英雄聖賢のような手紙を書く教養と精神を示していて、あの青年たちが漢文を読んで育ったことと深い関係があると思われます。私の中学時代には、漢文が相当重視されていました。

今の人たちは漢文を読む機会が少なくなり、なかなか大人になれない青年が多いのは、それと関係があるようにも思えてきます。

また、漢文は意味が分かりやすいと同時に、英語にも訳しやすいのです。サミュエル・スマイルズの『西国立志編』を翻訳・出版した中村正直《なかむらまさなお》は、幕府のイギリス留学生監督として渡英した人で、帰国後は静岡学問所の教授となって、英語を教えていたわけです。ところが、多くの学生はある程度まで行くと伸び悩むのに、漢文から入った学生は英語力をずっと伸ばしていることに気づいたということです。

『人間力を伸ばす珠玉の言葉』

古典に学ぶこと

古典学というのは、ギリシャでもローマでも、あまり複雑にならない前の簡潔な世界で出来上がったものを研究するのである。そこでは歴史も始めから終りまでがきっちりわかっており、すぐれた文明の本質的なところが述べられる。そして、英雄・豪傑も登場し、その人たちの行動と考えたことが簡単な言葉で述べられる。これはシナの古典にも共通することである。文明の東西を問わず、古典は哲学であり歴史であるとともに文学でもある。

換言すれば、哲学から人間学の諸相まですべてが含まれているのが古典学である。人間の善悪両面の可能性から諸々の局面における対応まで全部出ており、しかも、それが石に刻んでもいいくらいの簡潔な言葉で書かれているのが特徴である。

われわれが古典を読んで学ぶことは、歴史を歴史として読んで歴史の知識を得るのではなくて、その時の登場人物の〝人間としての感じ方〟まで覚えてしまうことである。さらに、その感じを表現する仕方まで学ぶのが古典学である。

『わが書物愛的傳記』

記憶は多いほうがいい

「独創性」や「個性」は蓄積された記憶から生まれるもので、記憶の絶対量が少ないと何も生まれてきません。数学者として世界に勇名を馳《は》せた文化勲章受章者の岡潔《きよし》先生は「とにかく十代の頃は反吐《へど》が出るほど暗記したほうがいい」とおっしゃっていました。

なぜ、記憶は多いほうがいいかと言えば、それによって「ものの感じ方」が変わってくるからです。

『60歳からの人生を楽しむ技術』

生活のクオリティを高める一時間

毎日一時間、仕事と直接関係のないことに頭を使おうと決心するならば、そのことによって生活のクオリティが一変するだろうと予想してよい。毎日一時間だけ今までやらなかった「高級な」ことをやることによって、残りの二十三時間の生活のクオリティが善変するのではないだろうか。丁度、五分の体操と五十分の散歩によって、残りの二十三時間五分の間の体の調子がよくなるように。

生活のクオリティを変えるためには大した時間も、金も不要である。一時間だけ変えれば残りの二十三時間も変わるのだと悟った時に、実行の決心が生ずるであろう。

『クオリティ・ライフの発想』

「壮」の時の学びが大事

儒学者の佐藤一斎《いっさい》が残した次の言葉は、極めて当を得ています。

少ニシテ学べバ、則《すなわ》チ壮《そう》ニシテ為《な》スアリ
壮ニシテ学べバ、則チ老イテ衰ヘズ
老イテ学べバ、則チ死シテ朽チズ

『言志晩録』

佐藤一斎は、江戸後期に昌平坂《しょうへいざか》学問所の教授として、主として朱子学を教えていた儒学者で、門下生には渡辺崋山《かざん》や佐久間象山《しょうざん》など錚々《そうそう》たる人物がいます。

まず最初の、「少ニシテ学べバ、則チ壮ニシテ為スアリ」は非常にわかりやすい。「小さい時によく勉強すれば、成人になった時に活躍の場が増える」ということです。

そして大切なのは、「壮ニシテ学べバ、則チ老イテ衰ヘズ」なのです。

壮の時、壮の時代というのは、その人の人生の中で最も働き盛りで、仕事も充実している時なのですが、だからこそ、ごまかされやすい。仕事に打ち込んでいる時には、真剣になって仕事についての勉強もし、新しい情報にもどんどん接します。そして、勉強すればする程、仕事も面白くなっていきます。だから、「学んでいる」と思い込んでしまうのです。

忙しく仕事をしているから、学んでいるように錯覚しているだけで、決して学んではいない。仕事上の勉強を、自分自身の勉強と勘違いしただけなのです。

その日その日の仕事をこなすだけでは学んだことになりません。日々の仕事をこなすのは当たり前、仕事もちゃんとしないようでは話になりません。仕事もやりながら、プラスアルファで、その仕事を離れた後も続けていけるような勉強や趣味を持つことが、壮の時の学びです。そうすると、「老イテ衰ヘズ」となるのです。実業家ならば、立派な経営者となるよう「学び」続けておれば、高齢になるまで衰えません。

最後の、「老イテ学べバ、則チ死シテ朽チズ」は、「老人になっても学ぶと、死んでも朽ちない」、つまり、年をとっても学び続けていれば、死後もその評価が残るというような意味だと思われます。けれども、自分が死んだ後のことなど、どうしようもありません。

とにかく壮です。壮が一番重要なのです。


『生涯現役の知的生活術』

ヒントを先人に学ぶ

自分は少年、青年時代を振り返っても、才能が人並み以上にすぐれているとは思えなかった。それが喜寿を超えても、書いたり話したりするタネが尽《つ》きず、むしろタネが多すぎると感ずることができるのは、〝生活〟の工夫をし、〝発想法〟のヒントをすぐれた先人たちから学び続けたおかげであると思う。

『発想法』

智謀湧くがごとし

「智謀《ちぼう》湧くがごとし」という言葉がある。これは、日露戦争の時に東郷平八郎司令長官の下で連合艦隊の参謀をしていた秋山真之《さねゆき》が中将の銅像が建てられた時に、東郷元帥が台座に「智謀如湧」と書いたのが、そのいわれである。この「智謀湧くがごとし」を英語で言えば、リソースフル（resourceful）となる。

これは、知恵が一回きりではなく、次々と尽きることなく出てくることを意味している。ここからイメージできるのは、例えば、井戸から水をいくら汲《く》んでも、後から後からこんこんと湧き出る様である。

このリソースフルという言葉に、知的生活者のあるべき姿のヒントが隠されているような気がする。つまり、リソースフルになる道は、井戸を涸《か》らさないことである。そのためには、自分の井戸の数を増やすことが大切だ。井戸の数が多くても、すべてが浅い井戸では困るが、井戸一本だけでは発想が涸れやすくなるのだ。

井戸を何本も掘っておくことが肝心である。一本目の井戸の水が汲みすぎによって涸れかけたら、二本目の井戸を使うのだ。二本目の井戸が涸れかけてきたら、三本目、というふうにしておけば、そのうち一本目の井戸には再び水がたまって使えるようになる。

ビジネスマンであっても、何か一つ専門分野の井戸を徹底的に深く掘っておかなければならない。その発想の泉から、次から次へとアイデアを湧出させるためには、最初の泉が〝自信〟という水脈に達するまでの深さになっていなければならない。

しかし、その自信が、揺るがぬ自信にまでなった時、その人ならではのユニークで独創的なアイデアが生まれるようになる。そのアイデアは誰もが一目置くアイデア、言い換えれば含蓄が深く、かつ鋭さのあるアイデアとなるのだ。

『すごく「頭のいい人」の生活術』

人間のアイデアはどこから来るか

人間のアイデアはどこから来るかということは、本当はわからないのであるが、古来、霊感《インスピレーション》と言われているところをみると、「外から吹き込まれた」という感じがすることは確かである。

このinspiration《インスピレーション》という語の語源は、「中へ《イン》」「息を吹く《スピラーレ》」、つまり「息を吹き込む」ということである。この息はもちろんこの世の人ではなく、神、あるいは神に準ずる「あの世的なるもの」が、恵まれた人間に吹き込んでくれるのである。プラトン的な立場、あるいはその志向をもつ作家のアイデアが涸れにくいということは、そのことに関係するのかもしれない。

また、語学というものがいかに発想を涸らさないための有力な道具であるかもわかる。時間的には休筆という手段も涸れかかった井戸には有力であるし、住居という空間の工夫も有効らしい。住居をまったく違ったところに移す、ということも、その移した先が豊かな文化のあるところならばきわめて大きな発想の井戸となることもある。

『発想法』

16 人生を充実させるための仕事術

仕事と趣味の違い

カール・ヒルティは、仕事と趣味の違いについて、一所懸命にやった途端に面白くなるのが仕事で、やっているうちに飽きてくるのが趣味なのだと言っているが、面白いかどうかを物差しにして仕事を選ぶというのならば、この指摘は参考になると思う。

たとえば、私は一時期、将棋が非常に好きでよくやっていた。けれども、いくら好きだと言っても、三日も四日も続けてやっているとさすがに飽きてしまう。つまり、私にとって将棋は趣味以外の何物でもなかったということなのだ。

ところがこれに対して英語のほうはどうかというと、二カ月でも三カ月でも、あるいは二年でも三年でも平気でやってこれた。そしてやっているうちに、どんどん面白くなっていって、さらに勉強しようという意欲が湧いてきた。英語を勉強しない人には絶対にわからないであろう独特の楽しみ、言うに言われぬ喜びのようなものを味わうようになっていたからである。これこそがヒルティの言う仕事なのである。

『自分の品格』

汗を流すことで生まれる心の余裕

エジソンは発明は九分の努力《パースピレーション》（＝汗）と一分の霊感《インスピレーション》といったというが、もっと正確にいえば、汗《パースピレーション》をかいているうちに、汗とともに霊感《インスピレーション》も出てくるのではないか。陶淵明《とうえんめい》は自己の農夫としての体験から

勤靡餘労　勤《いそ》しみつつ労《ちから》を余すこと靡《な》ければ

心有常閒　心は常なる閒《いとま》有りき

（吉川幸次郎氏の読み方による）

といっている。せいいっぱいの勤労をしていると、心はかえってのどかで余裕があるというのだ。知的生産においてもしかりである。外見的には機械的に動いているとき、かえって心は自由になり、つぎからつぎへとアイデアやら構想が浮かび、洞察が深まっ

てゆくというのが常である。

仕事の上手な仕方

ヒルティは、『幸福論』の中で〝仕事の上手な仕方〟について、次のように述べている。

「まず何よりも肝心なのは、思い切ってやり始めることである。仕事の机に座って、心を仕事に向けるという決心が、結局は一番むずかしいことなのだ。一度ペンを取って最初の一線を引くか、あるいは鍬《くわ》を握って一打ちするかすれば、それでもう事柄はずっと容易になっているのである。

ところが、ある人たちは、始めるのにいつも何かが足りなくて、ただ準備ばかりして（そのうしろには彼らの怠惰が隠れているのだが）、なかなか仕事に取りかからない。そして、いよいよ必要に迫られると、今度は時間の不足から焦燥感に陥り、精神的にだけでなく、時には肉体的にさえ発熱して、それがまた仕事の妨げになるのである」

ヒルティが何を言いたいかはおわかりだろう。

つまり、多くの人が口にする便利な言いわけとしての「時間がない」というのは、結局、仕事逃れの口実にしか過ぎないと言い切っているのである。人はいやな仕事、やっても愉快ではない仕事は、つい後に延ばしてしまう傾向があるものだ。ヒルティは、「一番の時間の浪費は先延ばしにある」とまで明言している。


『すごく「頭のいい人」の生活術』

一つの仕事をやり続ける

年季が入った職人さんの顔が美しく見えるのは、やはり、自分の仕事一筋に、淡々と何十年も打ち込んできたからだろう。地位や名誉などは考えず、ただひたすら一つのことに邁進していると、悟りのようなものが顔に現われて、自然といい顔になってくるのではないだろうか。一つの仕事、職業を続けることの、このようなすばらしい面も知っておくべきであろう。
天職を求め過ぎるあまり、簡単に職を変えて、あっちでふらふら、こっちで一年などということをやっていたのでは、絶対にいい顔にはなれまい。若い頃にはそのようなところにまで頭が回らないのも無理はないが、仕事をしていてもいつも気持ちが落ち着かず、これは天職ではないと何か焦《あせ》りを感じるという人は、淡々と仕事を続けるというのはどういうことなのかを考えてみるのもいいであろう。

『自分の品格』

観察眼を磨く

すぐれた風景画家は、よく観察する。自然科学者も観察にすぐれている。よい母は子供をよく見ている。よい作家は目に見えない人情の機微までえがくことができる。誇大妄想でも卑屈でもない。魚群や潮流の観察にすぐれた漁師、天候と作物の関係をよく把握する農夫など、いずれもそれなりの自己実現がみられる。

溶鉱炉のごとく

『知的生活』を著したハマトンは、「時間の使い方」について、実に示唆に富んだ多くの箴言《しんげん》を残している。

その一つに、知的生産における「中断」についての項がある。知的生産にとって、「中断の時間」は確かに致命的な障害となる。このことをハマトンは、当時（十九世紀）の溶鉱炉にたとえている。

溶鉱炉は一度火を消してしまうと、再び鉄が溶けるようになるまでに、たいへんな時間を必要とする。そこでどんな場合でも火を消さないようにするというのである。そしてひとたび火をつけたなら、火を落とすことなくどんどん温度を高めていかなければならない。

知的作業もそれと同じで、頭のエンジンも中断されることなく回転していけば、温度が次第に上昇してきた溶鉱炉のごとく、頭はますます冴えてくるものだ。かくて、その仕事に取りかかった時には、予想もしなかった展開や思いがけないひらめきが次から次へと生まれてくるのである。

『すごく「頭のいい人」の生活術』

孤独の時間

自分の時間について考えた時、私はまず第一に「孤独の時間」ということについて考えないわけにはいかない。

一般的に、孤独は人間にとってマイナスに作用することが多いが、この孤独という時間なくして自己の成長はあり得ない。孤独の時間を確保するのは必須と言える。

おおよそ日常生活というものは、周囲からの雑音や雑事に取りまぎれて、自分を見失いがちである。だから仕事ができて仕事をたくさん抱えている人ほど、仕事を離れた孤独な時間を大切にすべきである。

『すごく「頭のいい人」の生活術』

楽しむ境地

芸術も学問も、楽しむ境地に至らないと本物でないのだ。本当に楽しむ境地の人の作品や演奏や言葉や行動からは、人の魂を揺り動かす何ものかが出ているのではないかと思う。

『知的余生の方法』

17 読書で耕す人生

読書の醍醐味

人間は時間と空間に限定されて生きている。平均に生きても八十年に足らず、せいぜい旅行してもそれほど多くを見るわけにいかない。また一生の間に会う人の数、特にすぐれた人に会う数は知れたものである。ところがひとたび狭い書斎にひきこもり、書物を取り出せば、たちまち時間の制約も空間の制約も取り払われてしまう。そしてどんな時代の、どの国の偉大な思想家の考えにも触れうるのである。読書というものの不思議さは正にここにあると思う。深夜の物音一つしない書斎でこの人たちの書いたものを開けば、その人たちは眼前に立ち現われて私に語りかけてくるかの如くである。

『読中独語』

内なる心の扉を開く読書

内なる心の扉を開くものはいったい何なのか。私は、それこそが読書だと思っている。西郷も二度も島流しに遭いながら、その都度本を読み内省している。頼山陽が長じて『日本外史』や『日本政記』という、明治維新を実現させた程の本を書くことができたのも、幼い頃から歴史に興味を持ち、それらの本を読んでいたからだ。その他、偉人といわれる人たちはみな、何らかの形で本を読み、そこから自分の未来を考えていった。テレビや新聞だけで自分の将来を築いた人はいないだろう。

『悩む人ほど、大きく伸びる』

私の本の読み方

私は本を読んだら、赤線を引きます。そして、重要な内容はその上にマルを付けます。さらに重要な箇所については、ページ数とテーマを本の裏に書いておきます。この三段階。いちいちノートに書き出すより何十倍もたくさん本を読めます。

これは脳の外部化とも言えます。基本的には、いちいち覚えなくても、カテゴリー別にこれについてはあの本のどこに書いてあるのかを覚えていればいいわけです。それくらいなら、自然に覚えているものです。


『生涯現役の知的生活術』

読書家になるには

あなたは繰り返し読む本を何冊ぐらいもっているだろうか。そしてそれはどんな本か。それがわかれば、あなたがどんな人か言い当てることができる——という言葉がありますが、私もまったくそのとおりだと思います。

もしそうした座右の書をもっていないようなら、いくらたくさん本を読んでいても、その人を「読書家」と呼ぶことはできません。厳密に定義するなら、読書家とはやはり「生涯の愛読書をもっている人」ということになります。

最初は面白いと思った本でも二度目に読むと、「な〜んだ」と感じることがあります。また、再読してますます面白くなる本もあります。だから私は、相当な時間を置いてからの再読、再々読を奨めるのです。そうして最後まで残った本が、その人にとって大事な本になるはずです。

多読・乱読と併せて、気に入った本の再読、再々読をつづけていれば、読書の趣味も確実に鋭敏になります。同時に、知らないあいだに真の読書家の仲間入りしていることでしょう。

『楽しい読書生活』

タイム・リミットの知恵

どんな人間にも一日は二十四時間しか与えられていないので、アーノルド・ベネットは『二十四時間で生きる法』という本を書いているが、われわれも二十四時間で生きていることを考えると、時間の使い方はよくよく賢明な方針によらねばならない。たとえば『万葉集』には難訓というのがあって、学者の説でも一致をみないところがある。そんなところをいちいちいちいろんな研究書の註釈を読み合わせていたら、素人は永久に『万葉集』を読了することができないだろう。そんなときは、どんなむずかしい短歌にも五分以上の時間をかけぬこと、長歌にも十五分以上はかけぬこと、というタイム・リミットをつけて読めば、比較的短時間に『万葉集』でも『古今集』でも通読できる。そして自分にピンときたものにだけ、丸のしるしをつけておく。二度目にはそのしるしをつけたものだけ読み、特によいと思ったのには、もう一つ丸を重ね、二重丸のしるしをつける。そしてさらに二重丸じるしのものだけ読みかえして、その中でいちばん気に入ったものをノートに一日何首か書き抜く。そして暗記する。この方式でやると、比較的短い期間に勅撰集《ちょくせんしゅう》一つをわりと楽しく自分のものにしたような気分になれる。学術的にはもっと入念なやり方の方がよいにきまっているが、そんなことは専門家にまかせてよいのだ。そして専門の国文学者だって、勅撰集を通読している人はそんなに多いものではなさそうである。タイム・リミットの知恵を持てば漢詩集でも英詩集でも、かなり広汎にわたって、早く読み、しかも自分の好みに合ったものを十分に楽しみうるのである。

『知的生活の方法』

自分の古典

イギリスの哲学者ベーコンは、「ある本はその味を試み、ある本は呑み込み、少数のある本はよく嚙んで消化すべきである」と言っている。この、よく嚙んで消化すべき少数の本に巡り合うことが頭の訓練に欠かせないのは言うまでもない。それには昔から読まれてきた古典は、うってつけだ。長い年数をかけて読み続けられてきただけに、嚙むだけの価値が十分にあると言えるのだ。

もっとも、別にそういった古典にばかり目を向ける必要もない。何回も繰り返して読み、その繰り返しがその人にとって長期間続けられているような本なら、それはその人自身の古典と言ってもいいだろう。

今、生きている人々の記憶からほとんど消えてしまった本であっても、どこか面白いところがあり、愛読しているというのであれば、それは自分の古典と言っていい。そうした自分にとって十分に価値のある本に巡り合えることは、人生の大きな幸福でもある。

『すごく「頭のいい人」の生活術』

グルメな読書

読書の的確な方法とは何だろうか。それは、自分の境遇に率直に従った読書を心がけることである。自分の中に知的、精神的欲求がないうちは、いかなる名著をひもといても何も蓄積されない。逆に、もしその欲求があれば、何を読んでも心の滋養になるであろう。

もちろん、読む本は必ずしも古典や名著といわれるものに限る必要はない。漫画でも童話でも、名著に劣らない価値を持っているものもある。

たとえてみれば、料理をおいしく食べるのと同じである。いくらメニューが豪華であっても、〝食〟への欲求がなければ、つまり空腹でなければ、おいしくは食べられない。食べたい時に、食べたい料理を賞味することが大切なのである。

それから、いつもまずいものばかりを食べていると、うまいものの味がわからなくなる。逆に言えば、一度おいしい料理を口にすると、何がまずいのかもわかるものである。

これはかなりシビアな原則で、そのまま読書にも当てはまる。私は、常に〝グルメな読書〟をする心がけを持つことをおすすめしたい。

名作を若い時に読む危険

カール・ヒルティは、子供のころに適切でない宗教教育を受けると、宗教をほんとうに必要とし、かつそれがわかる年ごろにかえって宗教に無関心になる危険のあることを指摘した。それはキリスト教圏における学校の宗教教育に対する警告の言葉であったが、私はそれを日本の青少年の読書についても当てはまるのではないかと考えている。またヒルティは「キリスト教はそれを学ぶ者により多くの人生経験と、特に謙遜の気持ちがあることを前提としているので、かえって修学中の若い人には不適当なところがある」とも言っているが、それと同じように大人の読者を予想して書かれた大作家の文学は、かえって若い青年には不適なところがあると言えるかも知れない。ほんとうはわかりもしないうちに卒読した作家のことを、「ああ、あれは読んだよ」と言って片付けてしまうのは、子供のときに、不適切なキリスト教教育を受けて、「ああ、キリスト教はあん

『すごく「頭のいい人」の生活術』

なものだったよ」と言うようなものだからである。ここに名作をあまりに若い時に読む危険がひそんでいる。

『知的生活の方法』

「積ん読」は必要悪

一冊の本を読んでいると、そこに出てくる別の本をどうしても読みたいと思うことがあります。たとえば漱石を読んでいて森鷗外《もりおうがい》が読みたくなることもあれば、哲学の本を読んでいて自然科学のことを教えられ、それを読むようになることもあります。私などもある人の本を読んでいて、「あ、こんなことがあったのか」と知って、新しい分野の本を注文することがよくあります。

これはある意味では恐ろしいことです。なぜなら読書にキリがなくなってしまうからです。本がどんどん増えていき、置き場所にも困るようになる。

しかしそうやって芋づる式に読書の範囲が広がっていくことは自分の視野を広めるこ

とになります。読書というのは果てしないものである、という実感にもつながっていく。だからそれを恐れてはいけないともいえます。

私は、新しい興味を覚えたらとりあえず本を買っておいたほうがいいという考え方をしています。たしかに、そうやってとりあえず注文したり買ったりした本が「積《つ》ん読《どく》」の元凶《げんきょう》になるわけですけれども、「積ん読」もまた楽しからずや――と思えばいいのです。「積ん読」を全部やめてしまったら読書としては不完全です。「積ん読」はいわば読書の「必要悪」と考えるべきではないでしょうか。

いまもいったように、本を読んでいるとどうしてもその関連本を読みたくなる。それが人情です。あえて人情に逆らうのはよくないし、「積ん読」をしていれば、あとになってその本を開くかもしれない。そうすると、また別の世界が開けてくる可能性があります。そこに何か新しい発見があるかもしれない……。

私の読書体験からいっても、「積ん読」は必要悪、と割り切るのがいちばんいいように思います。

『楽しい読書生活』

本の情報収集

情報収集はときどき本屋に足を運んで、ブラッと入ってみることです。それから、書評欄。信用できないにしても、ザッと読むとなかにはピッとくるのもある。あるいは評判を聞いて手に取る。手に取って、おもしろいかどうかはその人次第です。論文を書く人であれば別だけれども、そうでないなら我慢して読む必要はありません。

『大人の読書』

読書のカンを養う方法

現代のように本の多い時代に生きながらも、「読んでよかったなあ」とほんとうに思える本にめぐり会うことはめったにない。そういうことがあれば、まったく天の祝福である。ところが本というのは読んでみないことにはそういう体験を味わえるかどうかわからないのだ。それを予知するカンを養う一番よい方法は、何と言っても、「読んでよかったなあ」とほんとうに自分が思った本を自分の周囲に置くこと、そして時々、それを取り出してパラパラ読みかえすことなのである。その修練ができておれば、書店で立読みしただけで、ピーンと来るようになる。

『知的生活の方法』

読書の知識とインターネットの情報

インターネットの情報と、読書から得る知識とは本質的に違うのではないだろうか。その違いを比喩で表現したら、食物とサプリメントの関係になるのではないだろうか。サプリメントは栄養を補うには実に便利な、また実に有効な方法である。例えばビタミンB_1の錠剤があったら、「江戸患い」と言われた脚気もなかったろうし、日露戦争で数万の兵士が脚気で死に、十数万の兵士が脚気で戦えなくなることもなかったであろう。明治天皇ももっと長寿であられたことと思われる。

サプリメントは実に有効だ。しかしサプリメントをいくら工夫して与えても、それだけでは子供が育つわけはないだろう。どうしても食物が必要である。しかし考えてみると食物には実に無駄が多い。お米やパン、納豆やサラダ、牛肉やマグロなどなどを食べるが、その大部分は糞《ふん》として排泄《はいせつ》される。糞というものが出ることは、人間は余計なものを摂取しているということだ。本当に必要なものだけなら、点滴やサプリメントで十分だ。しかし子供が成長して大人になり、その大人も通常の仕事をして死に至るまでには厖大な糞を排泄し続けなければならないのである。無駄なものを噛《か》み、排泄し続けなければ、子供の顎《あご》も歯も発達せず、胃や腸や、消化に関係する器官すべてが発達しないであろう。脊椎《せきつい》動物も腸から進化したという説が有力だ。腸が発達する機会を与えられなかった子供が育って、脳も働くということはないであろう。

人間の知力も似たようなものではないだろうか。本を読めるようになるにはまず本で字を学ぶ。数学をやるには数学の本を読み、自分で計算することから始まる。和歌を作れるようになるには、まず和歌集を読むことからはじまる。自分の考える力や思想を作り上げるには、しかるべき本を熟読することが必要だ。そうして頭は作られる。このようにして出来上がった頭が必要とする情報は、インターネットで取る。体を作るのは食物で、それを補うのがサプリメントであるように。

自分の文庫

『知的余生の方法』

「build up one's library」という表現が英語にありますが、ライブラリーという単語は「図書館」という意味の他に「蔵書」という意味を持っています。「build up one's library」とは、いわば「自分の文庫」を持つということです。そのときに大事なことは、徹底的に自分のおもしろさに忠実であることです。どんなに権威ある本でも、自分にはおもしろくなかったということで無視してかまいません。

『大人の読書』

蔵書の力

学者が本を持つのは当然である。最近、研究社から著作集を出しておられる英文学の泰斗《たいと》斎藤勇博士の蔵書などは、イギリスの学者が来ても舌を巻くほどだという。おそらく日本人として書いた本の量が最も多いと思われる、徳富蘇峰は、その蔵書の方もおそらく個人としては日本最大のものの一つであって、国宝や重要文化財が何点もあるというから、彼の場合も、買った本と、書いた本の量が比例したと言える。内藤湖南《こなん》・桑原隲蔵《じつぞう》など、学問的著作を全集の形で残したほどの人は、その蔵書もすばらしい。三宅雪《みやけせつ》嶺《れい》の耐火書庫も有名であるし、巻数にして最大の個人全集を残した幸田露伴も、一時、個人としてはいちばん本を持っている男と言われた時代があった。

『知的生活の方法』

トルストイと蔵書

トルストイは『戦争と平和』を書くために、小さな図書館ぐらいのナポレオン戦争の資料を集めて手許に置いたという。学者の仕事と小説家の仕事は性質が違い、研究や調査の目的も違うから、その密度や精度の違いがあって、でき上がった原稿の枚数で比較してはならないが、いい加減な学者では、小説家にかなわないというような場面もあるように思う。手許にある本のためである。

『知的生活の方法』

古典として残る本

古典を古典たらしめるものは何だろうか。

二十世紀イギリス最大の小説家といわれるアーノルド・E・ベネット（一八六七〜一九三一）は、「ア・パショネット・ヒュー、つまり、情熱的少数の読者をつかんだ本が古典になる」と指摘している。

絶えず、その本について語り、それがいい本だと繰り返すような少数の情熱的な読者を獲得することに成功した本、そうした本が古典として残るというのである。

たとえ、十年前の大ベストセラーであっても、このパショネット・ヒューがいなければ、すぐ忘れられてしまう、とまで言っている。つまり、今世界に残っている古典は結局、パショネット・ヒューの存在を抜きには考えられないのである。

『すごく「頭のいい人」の生活術』

夏目漱石の創作の二つの泉

大作家というのはごく簡単に言って、大きな全集の出るような作品を残した人である。たくさん書いた作家がすべて大作家というわけではないことはもちろんであるが、一生かかってほんの少ししか書けなかった作家からは、われわれは〝グレイト〟という印象を受けない。

夏目漱石はけっして書きすぎた人ではなかった。濫作《らんさく》ということからこれほど遠い人も少ないであろう。しかし十六巻の堂々たる全集を見れば、彼の創造の泉が豊かであったことは一目瞭然である。とくに漱石が知命の年齢で亡くなったことを考えれば、驚くべきことである。

また、彼の作品を、年代を追って読んでいくと、死のゆえに中断された最後の作品『明暗』がもっとも豊かさを示していることに気づくのは難しいことではない。

漱石には大きな井戸が二本あったと考えてよい。

一つは漢学という井戸である。彼は子供のときから漢文の本を楽しみに読むほどの力があった。いまの子供たちがマンガか、あるいは角川文庫を読むように、江戸の漢学者の随筆などを読んでいた。漢詩は韻《いん》を踏んだものを作ることができた。とくに晩年の七言律詩群の出来ばえはことに見事であって、吉川幸次郎博士などは、シナ本土を合わせて考えても、漱石は漢詩人として第一等の人であろうと言っておられる。

つまり、漱石は漢文学という東洋文学の深い井戸をもっていた。彼の文学の趣味は多くここからきている。

同時に漱石は、日本では最初の文部留学生としてイギリスに留学し、ラフカディオ・

ハーン（小泉八雲）の後任として、東大の最初の日本人の英文教授になるべく予定されていた人である。漱石のイギリス文学の読み方がいかに深切・周到なものであったかは、『文学評論』その他を見れば明らかである。

しかも漱石にはイギリスに住んだという体験もある。イギリスこそは、明治の日本が到達することをめざしていた国であったから、そこに日本の未来を見ることもできたのである。

漱石は漢詩の世界という東洋・過去という泉と、英文学の世界という西洋・未来の泉を持っていた。これは圧倒的な強みである。

『発想法』

松本清張の魅力

松本清張氏ほど井戸を多く持っている作家は少ないであろう。普通の市民の生活を扱った現代小説から、推理小説に向かう。時代ものでも『かげろふ絵図』や『彩色江戸切絵図』のような時代ものの推理小説もある。短篇も長篇もある。また『昭和史発掘』のようなノンフィクションの現代史もあれば、古代史の研究もある。

井戸の数は無数である。しかもその一つ一つが浅くない。

現代の考古学者や歴史家をテーマにした小説があると同時に、それらの主人公の研究している対象それ自体にも研究や調査がおよんでいる。そして積極的に井戸を掘り続けていることは、商社の倒産とか、中東の革命さわぎとか、新しい事件をただちに小説化していることによってもわかる。

この井戸を多く持っていることと、新しい井戸の発掘力こそが松本氏の尽きざる創作力のもとになっていることは確かである。旅行のときに読む小説を買おうとするとき、読んで失望させられる確率の少ない作者は松本氏であろう。

『発想法』

18 充実した老後を生きるための知恵と工夫

老後のイメージ・トレーニング

自分の老後についてのイメージ・トレーニングを意識してやっている人は少ないようです。できれば十代、二十代から、遅くとも三十代、四十代にはじめないと、老齢になった時に間に合わないかもしれません。

『老年の豊かさについて』

平生の心がけ

「人間」のことを英語では多少ふざけてmortal《モータル》と言うことがある。

この単語の語源はラテン語mors《モルス》（死）から来ている。だからmortalは「死すべき者」というのが原義である。しかり、人間はみな「死すべきもの」である。

そんなことはわかっている。しかし死ぬまでの時間を、延長したり、また延長した時間をよりよく生きる工夫があるのではないか。そういう工夫をやった人は昔から多くあった。また、そうするために有効な方法の研究も最近では進んでいる。そういうことに比較的若い頃から関心を持っていた人と、そうでない人とでは、還暦前後からの老いの緩急の度合や、老いの質が違ってくるのではないか――というのが私の観察するところである。それは従事してきた仕事の種類にもよるが、若い時からの「平生の心がけ」が老齢にさしかかってから大きな差を産むことに違いはないであろう。

『老年の豊かさについて』

内なる声に耳を傾ける

「完結した」などと思う前に、自分の内なる声に耳を傾けなければダメなのです。何かやりたいことを抑えてきたものがあるはずなのですから。
しかし、思い違いしてはいけないのは、今の自分自身のキャラクターは、もちろん大切にしなければいけないということです。その人のキャラクターは、これまで何を殺してきたかということで作りあげられてきたわけです。若い頃、一家を構え、子供を育てながら人生を過ごしていくときは、いっぱい殺さなければいけない。全部オンになったら、もうそれこそ多岐亡羊《たきぼうよう》で、どうなるかわかったものではありません。その過程で何を殺してきたのか、それがその人のキャラクターになるのです
キャラクターがない怠惰な人生は、ロクな人生ではありません。自分のやりたいことをどんどん殺していかなければ、一人前の人間にはならないという苦しいところもあるのです。
しかし第二の人生を迎えたときに、そこから非常に自由になれる。固まったキャラクターの中に、また別のものがあることを見つけていく喜びを追うことができるわけです。キャラクターがあることが前提で、さらに別のものを見つけるという順序を忘れぬほうがいいでしょう。

『大人の読書』

第二の人生をいきいきと

「自分の成長、自分の成熟」ということについて言えば、第二の人生に入ってから衰えるどころか、新しい能力を見つけて、それを伸ばしていくという生き方があるということも知っておく必要があるでしょう。

ある私の知人ですが、若い頃に私の書斎に並んでいるドイツの哲学の本を手にとって「こんなのをやりたいなあ」と言った人がいました。幸いにしてその人の家は豊かでしたから、私は「哲学をやったら、絶対にいいですよ」と薦めたけれども、その人はもともと実業一家でしたから、結局、ご自身も実業界に入ったのです。ただ、やはり気質的にはどちらかといえば学者肌だったのでしょう。実業の世界では、必ずしも出世したというほどではなかった。

ところがその人が定年を迎えたら、魚が水を得たがごとくです。声がいいので、コーラスの会に入って歌ったり、もう生き生きしている。

第二の人生で、自分がずっと隠しておいた才能がパッと甦《よみがえ》る例が、あり得るということです。

この極端な例が伊能忠敬《いのうただたか》でしょう。家業をきっちり務め、全部義理を果たし、跡目を譲って、いよいよ隠居になってから、全国津々浦々を歩く。

人間の世の中は、この世のしがらみで、妻子を養うために、あるいは家業を守るために、自分の人生を捧げなければならないことが大部分でしょう。第二の人生というのは、それこそ伊能忠敬のように、それから解放されるということでもあるのです。そのようにプラスに受け止められたほうがいいのではないかと思います。

『大人の読書』

老後を充実させるもの

歳をとると、脳の老化は不可避であると思われていますが、最近の脳科学の研究では、歳をとっても鍛えれば記憶力は強化され、脳の働きが活性化することがわかってきました。実際にぼくもラテン語の書物や何節もある歌の歌詞などを暗記してみると、みるみる記憶力が高まり、覚えることができるんです。記憶力を鍛えるというと大変そうですが、カラオケで好きな曲の歌詞を覚えるだけでもいいんです。大きな声を出すことも健康にいいと言われていますから、シニアにもおすすめです。

こうして記憶力を鍛え、さらに何か自分が興味を持ったこと、関心のある分野を毎日少しずつ勉強していくと、知的な刺激を受けることになり、それが余生を充実させていきます。すなわち、こうした行為は老後を充実したものにすると同時に、心の健康・体の健康にもつながるとぼくは考えているんです。

『幸福な余生のためにすべきこと』

定年後の時間活用法

朝型かそうでないかは、人によるだろう。早起きが三文の徳になる人もいれば、そうはいかない人もいる。だから、定年退職して田舎に引っ込み、畑でも耕して生きていこうという人は別として、都会に暮らしているのなら、早起きにこだわることはない。朝の散歩で時間を潰すぐらいなら、もうひと寝入りして頭をクリアにし、知的な生活へと行動を起こすというやり方も悪くない。現役時代を思い起こせばよくわかる。残業が続いて忙しい時には、朝寝坊したいと思う。逆にいえば、朝寝坊したいと思うことは、現役で、何かをバリバリやっていることの証拠だといえる。

つまり、朝寝坊したいと思うくらいに何かに集中することが、定年後も大切になるということなのだ。ある意味で、定年後にもやりたいことのある者は朝寝坊したいと思うような人であり、定年後にやることのなくなった人は、早起きして朝の散歩しかやることがない人になりやすい、と言えるかもしれない。とは言っても、昼まで寝ているなどというのはまったく問題外だ。自分のバイオリズムに従い、生理的な時間を有効に活用することだ。

『知的余生の方法』

「職務」

自分なりに取り組むと決めたテーマが見つかったら、それを「職務」だと思ってしまえばいいのです。「職務」を自分に課し、それを全うするために規則正しい生活をする。それが健康を維持する秘訣かもしれません。毎日を日曜日にしてしまうのは、安楽でしょうが、健康上、きわめて危険なことです。

『60歳からの人生を楽しむ技術』

読書は脳と精神を鍛える

脳を鍛える一番いい方法が読書だ。しかも読書は、脳細胞と同時に精神も鍛えてくれる。最近よく、脳を活性化するにはパソコンがいいといわれるようになっている。年を取ったら指を動かすといいのだそうだ。確かにそういう面はあるのだろう。

しかし何と言っても読書こそが、脳細胞を知的に磨き、精神を生き生きと甦らせてくれる最も単純にして、手っ取り早い方法だと思う。だから、特に定年退職して時間に余裕のある余生を生きる世代は、率先して読書にいそしむべきだろう。

テレビにかじりつくばかりの余生ほどつまらないものはない。第一、そういう姿を毎日妻の前にさらすことが、熟年離婚されてしまう理由の一つになることだってある。男子たるものやはり、退職しても凛《りん》とした態度であるべきだ。

『知的余生の方法』

歳を重ねてこそ

若い人は親からも怒られなくなったから、たまに怒られるとものすごく反発するのも無理はない。しかし、『論語』にしても『言志四録』にしても、教訓を語るという性質のもので、それが古典です。

歳を取ってくると「そうか」「そうだったなあ」と思える体験が、読書の味わいとしてはいいと私は思います。だから、教訓集は年寄りにもいい。やはり歳を重ねてこそ、そういう本を読んで、若い人に折に触れて教訓を垂れることが大切でしょう。

『大人の読書』

「湯治友だち」

昔、私のほうの田舎には「湯治《とうじ》友だち」という言葉がありました。

村社会では、ケンカしないように厳密に義理を欠かないようにつきあっている。けれども、友だちであるかどうかは別です。ところが、東北の冬は寒いものだから、二、三年に一度、一週間か二週間くらい湯治に行く習慣がある。湯治といっても、今みたいに贅沢なものではなくて、一室に何人も寝たり、食事は七輪で自炊したり、いろいろな夕イプがある。そしてそこには、農村から漁村から、それこそ各地からいろいろな人が来るわけです。そこでワイワイやるうちに気の合う人に出会うことがある。それが本当の友だち、それが「湯治友だち」です。

これはしがらみのない、本当に気の合った友だちです。やはり晩年になると、今まで義理でつきあってきた社会から抜けた「湯治友だち」のような、気の合った友だちの世界がとても大事になるのです。

それは、碁会所だっていいんですね。そういうものがわりとたくさんあるところが、日本のいいところなのです。お茶を飲むのだって、西洋ではお湯を入れるだけですが、日本だと「茶の湯」といって、半日つぶせる（笑）。

日本では、江戸期などのように長年平和だった伝統があるために、隠居が平和に暮らせるような仕掛けがいっぱいあるんです。アメリカでは、文化といえば若者の文化しかないような感じもあります。年寄りも、若者がやるようなことを「まだできるぞ」などとやってみせようとするところがある。しかし、日本文化はそういうことではありません。若い者にまったく関係ないところに、ものすごい隠居文化があるのです。


『大人の読書』

人生の実り多き「成熟」の秋

日本語の「秋」は、どちらかといえば、寂しいイメージとして用いられることが多い。「人生の秋」などというのがその典型だろう。やはり、葉が落ちてしまうという「物の哀れ」を感じる季節だからだろう。

ところが、英語のハーヴェストの場合は少々違う。英語の詩などでは、比喩的に二つの相反する意味で用いられている。
一つは「成熟」という意味。これはハーヴェストが「収穫」を意味するから、当然わかる。成熟して実をつけたところを収穫するのだ。同時に、衰えの始まりという意味でも用いられている。成熟はもちろんプラスのイメージだが、衰えの始まりは凋落《ちょうらく》していくことだから、暗いイメージだ。どちらにウェイトを置くかは、その人次第だと思うが、考えてみれば「人生の秋」も、どうとらえるかにより、その後の生き方の姿勢が変わってくるのではなかろうか。人生において実のなる時期は、同時に年齢的に見れば盛りを過ぎ、凋落の始まりということになる。だが、功なり名を遂げる程ではなくとも、仕事を充実してやってきたという実感があれば、その人の人生の秋は、実り多き「成熟」の秋になるだろう。

『知的余生の方法』

学問の秋

「秋」については、幸田露伴はこうも言っている。やはり、学問が一番進むのもまた「秋」だ、と。

では、なぜ学問の秋なのだろうか。秋から冬にかけては、人の気持ちが沈潜するのだ。そのため、肉体を鍛えるには春から夏が良いが、精神を鍛えるには秋から冬が良いということになるだろう。定年退職して時間に余裕ができるようになったら、春は野に遊んだり、釣りを楽しめばいいし、夏山にハイキングに行くのもいい。

だが、秋になったら、灯火親しんで、静かに読書に勤《いそ》しむ。それが人間の自然な姿であろうし、無理のない生き方なのだ。秋や冬になったら、多少は時間を精神の鍛錬に使いたいものだ。現代のように忙しい時代には、なかなか難しいことなのかもしれないが、自然のリズムに合わせて生活する、というのも「人生の知恵」なのだと思う。

『知的余生の方法』

夫婦の記憶に残ることを

私は、若い夫婦には特に、今のうちに無理をしてでも休みをとり、夫婦二人で何か記憶に残るようなことをやりなさい、と勧めている。海外旅行でも温泉旅行でも、それは何でもかまわない。一週間以上休みが取れるのなら、海外旅行などが良いかもしれない。知らない世界へ行けば、もちろん楽しいことが多いだろうが、それだけではなく、何かとトラブルが生じたりする。それを二人で何とか解決したりすれば、その記憶は、楽しかった時以上に残るものだ。楽しいことばかりのノッペラボウな人生は、その時は良いかも知れないが、後々の記憶としては薄れがちだ。デコボコがあるから、良い記憶として残る。そうした苦労は「人生の手ごたえ」といえるものだ。

それを仕事が忙しいからと、先送りにしていると、いつの間にか年をとって、気がついた時には、平坦で、あまり特色もない、鮮烈な記憶を共にしたことのない人生になってしまっている。

熟年離婚というのをよく耳にするが、ひょっとすると、妻のほうから見れば、ノッペラボウのような夫婦生活に嫌気がさすのかもしれない。だから、若いうちからデコボコの結婚生活を心がけた方が良いだろう。

『知的余生の方法』

人生の後半で大切なもの

自分に恍惚を感じさせてくれるものは何で、それはどこにあるのか。人生の後半において最も大切なのはそれを発見することかもしれません。

『60歳からの人生を楽しむ技術』

何かを求めて生きる

一旦、求めないとなるや、自分の回りのさまざまなことが崩れていく。そして、肉体的にも精神的にも、人は崩れていくのだと思う。隠者になるにさえ、物質的なものは捨てても、精神の向上意欲は捨てない覚悟が必要であろう。だから私は、笑われようがけなされようが、最後まで何かを求め、何かに頑張って生きていこうと思う。端に迷惑をかける死に方でなければ、ジタバタしていると思われてもかまわない。「どうせ死ぬ」と考えた時点で、その人の人生は終わりだと思うからだ。

『知的余生の方法』

余生で見る夢

かつての日本人は、素晴らしくロマンティックな夢を思い描いていた。『古今和歌集』には、小野小町がそんな歌を寄せている。

思ひつつ　ぬればや人の　見えつらん　夢としりせば　覚めざらましを

「いちずに思いながら寝たので、あの方が夢にあらわれて下さったのであろうか。もし夢とわかっていたなら、目を覚まさないでいたのに」（奥村恒哉訳）

うたた寝に　恋しき人を見てしより　夢てふ物は　たのみそめてき
「うたた寝の夢枕に、恋しい人を見てからこのかた、はかない夢というものをさえ、
　頼りにするようになった」（同訳）

その夢を見るのに、若さは必要条件ではない。
さまざまな人生経験を経て、知的修練を積んだからこそ余生で見られる夢もあるのだ。愛読する古典の人物と語り合う自分を夢に見ることも可能だ。むしろ、そちらの夢の方が素晴らしいとも言えるのではないだろうか。

『知的余生の方法』

理想の晩年

私の見るところ、九十歳を超えて亡くなられる方はあまり苦しまない。ほとんどが眠

るがごとくです。「死ぬ」というより、もっと良い世界に遷《うつ》るという感じで、穏やかに亡くなられているのです。

個人差はあるでしょうが、八十歳くらいだとまだ苦しむ人がいるようです。したがって、私はできることなら九十五歳ぐらいまで生き、肉体的にも精神的にも苦痛を感じることがなくなってから、あの世へ還りたいと思っています。

佐藤一斎は、『言志耋《てつ》録』の最後のほうに、「年をとって死ぬ人はほとんど死を恐れない聖者のごときものである」という趣旨のことを書いています。

凡《およ》そ生気有る者は死を畏《おそ》る。
生気全く尽くれば、この念もまた尽く。
故に極老の人は一死睡《ねむ》るが如《ごと》し。

死がこわくも苦しくもなければ、宗教にすがったり、座禅を組んだり、修養したりという必要もありません。宗教心のある方は、気張らないで静かに自分の宗教を示すように逝くでしょうし、無神論者でも静かに大地に戻る、土から生まれて土に戻るという気持ちになるでしょう。

団塊の世代と言われる方たちは、六十歳定年とすると、九十五歳まで三十五年ありま す。これはけっこう長い。定年までは慌ただしい生活を送らざるを得ない人たちにも、その後はたっぷり時間が与えられているのです。どう過ごしたら楽しいか、自分の理想とする晩年を実現するために、早めに手を打っておいたほうがいいのではないでしょうか。

『生涯現役の知的生活術』

「家庭の言語教育」　あとがきにかえて

父が帰天してから7年以上が過ぎました。そこで今、果たして私は「いや増す喪失感に苛《さいな》まれているか」と自問してみると、いや、それはむしろ反対ではないか、という実感を深めています。思い切った表現をすると、時を重ねていよいよ近しく、温かな存在になった、と言えるのです。日々、そのように感ずるに至りました。

父の遺した優に700冊に及ぶ著書は、それが書き下ろしであれ、対談の形であれ、そこに在る言葉は、私には生《なま》の父の声でそのまま聴こえてくるのです。また大変嬉しいことには、その語りの調子や父の表情は、いつも晴れやかで明るいのであります。

この『歴史通は人間通』は、非常に良く編まれた『渡部昇一名文集』と言えます。若い頃から晩年までの、ほぼ全方面に亘《わた》って父の発言のエッセンスが網羅されており、仕事と人間の全体像が浮かび上がるようになっています。したがって、パラパラとどのページから開いて読み始めても楽しめ、また目次を眺めてテーマごとにかためて読んでいただいても、興味深いと思います。このたび、扶桑社文庫に加えて下さるとのことで、小さく軽く持ち運びにも便利になりますので、読者の方々の更に身近に置いていただけるものと、願っております。

今回、この本を通読することで改めて思い出した懐かしい出来事は色々あるのですが、ここでは、育鵬社に相応《ふさわ》しい話題として、父が家庭で授けてくれた「言語教育」について記しておきたいと思います。

私が最初の子どもでしたので、父にとっては、まさに実験を兼ねていたのだと思いますが、幼稚園児の頃に、果物や生き物の名称が漢字で書かれた「漢字カード」を見せられて、身近なものの名前を漢字で認識するゲームをしておりました（石井式漢字教育）。漢字は表形文字なので、絵や記号に近い感覚で幼い頭にも入りやすく、面白いほどの量を覚えたらしく、実験結果には満足していたようです。

小学校低学年から中学年にかけては、学校の夏休みの宿題などに、日記をつけたりすることを課せられた記憶がありますが、俳句の絵日記をつけたらよいと、父からは勧められたと思います。生活の中の一コマを、写真のように言葉で写し撮るのが、俳句です。その感覚を楽しく味わうことを、難しい説明をせずに誘導してくれました。

そうして小学校高学年になると「百人一首」を覚えさせられました。この時に使用したのが、福音館小辞典文庫の『全釈小倉百人一首』（曽沢太吉著 冷泉為恭《れいぜいためちか》筆作者肖像入り）でした。この本は、印刷技術の高さ、内容の豊かさで、実に舌を巻かざるを得ない一冊でした。父はよく私に覚えた和歌を暗誦させながら、向かいに座ってこの本に丁寧に定規を使って赤線を引きながら、本文を熟読していました。百首を最初は一日一首ずつ覚え、二巡目は三首ずつ、三巡目は五首、四巡目は十首ずつと、4、5回は回ったと思います。毎晩、十分はかからなかったとは思いますが、必ず時間を作って付き合ってくれたのでした。ちなみに、父が赤線や細かなメモを書きつけた、いと小さきこの本は、形見の一つとして今も私の手元にあります。

同じ頃に弟の玄一（長男）には、『論語』の暗誦（つまり漢文の暗誦）が課せられていたのをよく覚えています。日本男子には「漢文」を、日本女子には「大和言葉」を、精神的成長・知的成長のための最良の栄養として、日々与えることを実践したのでありま す。このことからも「大和言葉の美しさと機微を知らせる」ことが、日本女性にとって最も大切でまた最高の教育なのだと、父が信じていたことが判ります。

『日本語のこころ』(講談社刊・1974年)を、世に出す直前の、渡部家の日常の風景でした。

さて、中学に進学するとほぼ同時に、旺文社刊の豆単シリーズから『英文法・赤尾好夫編』を父から渡されて、中学英語の基礎文法の学習をスタートさせました。学習方法は『百人一首』のときと同じで、例文を覚えることでしたが、今度は筆記が加わりました。書いて綴りや、熟語の使い方をマスターするためです。まず、一英文を暗誦して、すぐにそれを書く。そしてその後に和訳を口で言う、というルーティンだったと覚えています。初めは見開きの2ページに入っている例文を暗記、二巡目は2倍のページ数、三巡目は4倍のページ数の内容を覚えました。中2の半ばには、中学3年分の文法は、無理なく消化されていたようです。

父は、自分の専門が英語であるからと、自分の子どもに英会話などの早期教育を施すようなことは、かえってしませんでした。まずは「母国語を豊かに」がモットーでした。子どもの成長に伴って、その時期、その時期に相応しい種蒔《ま》きをしてくれたのです。

最初は「漢字」に、視覚的に親しませる。次は日常の中で、日本語のリズムと表現を楽しむ「俳句」に誘《いざな》う。その上で高度で洗練された「和歌」を覚えさせる（男子の場合『論語』）。国語の能力が充分に高まった年齢に達してから、「英文法」を知的に理解しながら語彙《ごい》を増やしていく、という道筋をつけてくれました。

父は言語学者としての自分が、体験と洞察に基づいて確信を持って最善と信じる教育を家庭で実行したのであって、その時々の、子どもたちの学校での成績には、寧《むし》ろほとんど無頓着でした。ちなみに、この分野での父の信条は『英語教育大論争』（文藝春秋社刊・1975年）に纏《まと》められております。

父は3人の子どもたちが、それぞれクラシック音楽を専攻するように成長したことにも、折に触れてコメントしていました。

バッハやモーツアルトやベートーヴェンのような大天才たちの作品を、初めっからそのままオリジナルのかたちで聴ける（子ども用に咀嚼《そしゃく》するフィルターなしに）というのは素晴らしいことだ。最初から本物に触れられるのだから、絶対に善い道に違いない。その他の芸術は歳がいってから始めても大丈夫だろうが（特に文学）、音楽は早くに、本物を沢山吸収して沁み通らせることが必要なんだな、と。

父はいかなる時も、子どもが時間を忘れて集中している姿を本当に大事にして、護ってくれました。何故なら、父自身が一番の「夢中の人」だったからです。

父はそして家《うち》の中で、自分の「夢中」を大切に護ってくれている母に、いつも感謝していました。

「偉大な女性は必ず、母性的である」と言って。

このたび、新たに通読する機会を得まして、在りし日の父と過ごした懐かしい時間を再体験できたかのような感激がございました。ここに、あとがきのご提案を下さった育鵬社の槇保則氏に、心からの感謝を申し上げまして、筆を擱《お》かせていただきます。

令和六年十二月吉日

長女　早藤眞子

出典著作一覧（順不同）

『13歳からの道徳教科書』（育鵬社）
『生涯現役の知的生活術』（育鵬社）
『日本史百人一首』（育鵬社）
『日本通』（育鵬社）
『「自分の世界」をしっかり持ちなさい！』（イースト・プレス）
『日本、そして日本人の「夢」と矜持』（イースト・プレス）
『悩む人ほど、大きく伸びる』（イースト・プレス）
『日本人の底力』（海竜社）
『クオリティ・ライフの発想』（講談社）
『知的生活の方法』（講談社）
『続　知的生活の方法』（講談社）
『日本語のこころ』（講談社）
『国民の修身』（産経新聞出版）

『ローマ人の知恵』（集英社インターナショナル）
『日本そして日本人』（祥伝社）
『歴史の読み方』（祥伝社）
『60歳からの人生を楽しむ技術』（祥伝社）
『アングロサクソンと日本人』（新潮社）
『知的余生の方法』（新潮社）
『老年の豊かさについて』（大和書房）
『アメリカが畏怖した日本』（ＰＨＰ研究所）
『大人の読書』（ＰＨＰ研究所）
『幸福な余生のためにすべきこと』（ＰＨＰ研究所）
『人生は論語に窮まる』（ＰＨＰ研究所）
『世界に誇れる日本人』（ＰＨＰ研究所）
『日本人ならこう考える』（ＰＨＰ研究所）
『発想法』（ＰＨＰ研究所）
『人を動かす力』（ＰＨＰ研究所）

『わたしの人生観・歴史観』（ＰＨＰ研究所）
『楽しい読書生活』（ビジネス社）
『わが書物愛的傳記』（広瀬書院）
『読中独語』（文藝春秋）
『自分の品格』（三笠書房）
『すごく「頭のいい人」の生活術』（三笠書房）
『マーフィー100の成功法則』（三笠書房）
『読書こそが人生をひらく』（モラロジー研究所）
『人間力を伸ばす珠玉の言葉』（モラロジー研究所）
『現代までつづく日本人の源流（渡部昇一「日本の歴史」①古代篇）』（ワック）
『指導力の差』（ワック）
『世界史に躍り出た日本（渡部昇一「日本の歴史」⑤明治篇）』（ワック）
『読む年表 日本の歴史（渡部昇一「日本の歴史」特別版）』（ワック）

渡部昇一（わたなべ しょういち）
昭和5（1930）年山形県生まれ。上智大学大学院修士課程修了。ドイツ・ミュンスター大学、イギリス・オックスフォード大学留学。Dr.phil.（1958）、Dr.phil.h.c.（1994）。上智大学教授を経て、上智大学名誉教授。専門の英語学のみならず幅広い評論活動を展開する。『名著で読む世界史』『名著で読む日本史』『渡部昇一の和歌から見える「日本通史」』（以上、育鵬社）、『[増補]決定版・日本史』『決定版・日本史［人物編］』『決定版・日本史［女性編］』（以上、扶桑社新書）。平成29（2017）年4月逝去。

歴史通は人間通

発行日　2025年2月1日　初版第1刷発行

著　　者　渡部昇一

発 行 者　秋尾弘史
発 行 所　株式会社 育鵬社
〒105-0022 東京都港区海岸1-2-20 汐留ビルディング
電話 (03)5843-8395(編集)
www.ikuhosha.co.jp

株式会社 扶桑社
〒105-8070 東京都港区海岸1-2-20 汐留ビルディング
電話 (03)5843-8143(メールセンター)
www.fusosha.co.jp

発　　売　株式会社 扶桑社
〒105-8070 東京都港区海岸1-2-20 汐留ビルディング
(電話番号は同上)

DTP制作　株式会社明昌堂
印刷・製本　中央精版印刷株式会社

Printed in Japan　ISBN 978-4-594-09916-9